爱呀，幸福女人
腾讯视频大型原创品牌栏目精彩巨献

爱情要谨慎，幸福要勤奋

阿雅对话10大当红女星，首次公开幸福心经

腾讯视频 著
李恩雅 执笔

Love & Happiness

中国友谊出版公司

图书在版编目（CIP）数据

爱情要谨慎，幸福要勤奋 / 腾讯视频著；李恩雅执笔. -- 北京：中国友谊出版公司，2012.10
ISBN 978-7-5057-3095-3

Ⅰ. ①爱… Ⅱ. ①腾…②李… Ⅲ. ①爱情－通俗读物②幸福－通俗读物 Ⅳ. ①C913.1-49②B82-49

中国版本图书馆CIP数据核字(2012)第231621号

书名 爱情要谨慎，幸福要勤奋
作者 腾讯视频
执笔 李恩雅
出版 中国友谊出版公司
发行 中国友谊出版公司
经销 北京时代华语图书股份有限公司 010-83670231
印刷 北京海纳百川旭彩印务有限公司
规格 690×980毫米 16开
14.5印张 140千字
版次 2012年11月第1版
印次 2012年11月第1次印刷
书号 ISBN 978-7-5057-3095-3
定价 35.00元
地址 北京市朝阳区西坝河南里17-1号楼
邮编 100028
电话 （010）64668676

幸福来的时候，挡都挡不住

姐妹淘聊天的时候，感情生活是我们一定要分享的话题。我们都希望自己可以遇到那个对的人。可是当对的人还没有出现的时候，我们常常会给那个对象开出很多很多的条件。不过像小S，当她遇见她老公Mike的时候，发觉Mike跟她之前心目中那个对的人，条件是完全相反的。所以缘分这件事情真的很难说。也许有的人会像范范一样，历经十年才尘埃落定，有的人则会像大S一样，第一眼看到就知道他是对的人。不管是范范式的爱情长跑，还是大S一样的“一秒定情”，我发觉当那个对的人出现的时候，总会有一些共同的征兆。

比如COCO，Bruce在跟她第一次约会的时候，就说可以把她娶回家。而阿妹，能让她心动的男生一定要让她第一眼就产生好感，有激情有火花出现，才能有后续的发展，所以想让她日久生情非常困难。她会要求自己的另一半一定要懂她，彼此之间要有话聊，并且不用花费更多的心思去猜对方说的是什么。

我不知道在你的身边是否也有这样的人，跟你有聊不完的话题，像爱人又像朋友。至于我嘛，我今年30出头，是一个轻熟女。你知道到了这个年纪，尤其身边的朋友、好姐妹纷纷结婚，很多朋友见到我都会忍不住问：阿雅，什么时候到你啊，吃你的喜酒。其实要不要结婚这件事情，我还在很仔细地思考，目前我是觉得不结婚也挺好的，而且婚前婚后真的会有很大的差别吗？我不知道。但是大S，就会对恋爱和婚姻有着不同的理解。她会觉得结婚是一件比恋爱更有趣的事情。恋爱就已经很有趣了，可是结婚会有更多的层次，可以朝着跟恋爱不同的地方去发展。燕姿是一个很低调很内敛的人，她对婚姻的理解是，结婚之前，也许还会有更多的选择，两个人之间存在一定的不确定性，结婚之后，你就是跟这个人了。你会觉得更舒服，因为婚姻就是你为我我为你的过程。

感情世界从来都不是一个人的，男生和女生共同努力，才能创造更多的幸福。可是，男生和女生之间会有很大的差异，特别明显的是，男生跟女生的表达方式就很不一样。我们女生难过的时候可以哭、可以流眼泪，可是男生难过的时候，通常要忍住，但这样子反而让男生的言语变得很有分量。女生跟男生的贴心也很不一样，女生可以无微不至地照顾另外一半，可以随时随地地温柔撒娇，而男生通常都是不太表达，但突然他会做一个什么事情，让女生觉得好甜、好贴心。

我记得在访问白百何的时候，她跟羽凡结婚七年，当她提到跟老公的感觉时，那种笑容和甜蜜是完全藏不住的。因为羽凡其实是一个不太爱表达自己情感的男人，可是他会用行动证明对妻子的爱。每次去外地演出，他都会给妻子带一些小礼物，比如指甲油啊、卡通袜子啊，在传统夫妻看来也许是有些幼稚的举动，却让他们这一对小夫妻的感情变得越来越浓。晓萱也常常说，男朋友会时不时地给她惊喜，会用冬瓜雕成很美的莲花，也会有粘土制成特别的东西送给她……

女人的幸福离不开男人的宠爱，可男人不是傻瓜，一定要确定这个女人是值得他爱的，他才会甘愿倾尽所有去守护。婚姻也不是你想长久就能长久的，一定要有经营的智慧。在访问这些姐妹的时候，最让我感动的是，她们都用自己的聪明和睿智，或者找到了真爱，过着幸福的婚姻生活，或者在娱乐圈十几年的沉浮当中找到了自己。在这纷繁的世界中，我们彼此都不孤单，而是在享受幸福的同时，首先学会了爱自己。

《爱呀，幸福女人》，跟十个幸福的女人约会，倾听十个幸福的故事，而最终我们发现，不管在爱情的故事里是一见钟情还是日久生情，当幸福来临的时候你是挡也挡不住的。不过也不用挡嘛，就好好地幸福吧。

目录

CONTENTS

小S

有爱，人生才值得

大S

爱情面前，学会“放手”不如学会“下手”

范玮琪

灵魂伴侣是磨出来的

孙燕姿

爱情最美好的部分在于依靠

梁咏琪

男女关系并非强弱关系

张惠妹

爱得自由比爱得深刻更重要

白百何

爱就疯狂，不爱就坚强

李玟

婚前要用情，婚后要用心

范晓萱

再爱，也不让自己卑微

胡可

好女人要学会角色的转换

小S

有爱，人生才值得

她是当年台湾少女组合的No.1，她是《娱乐百分百》里的无厘头主持人。她的朋友五湖四海，她的麻辣语录广为流传。2004年，她与知性主持人蔡康永主持的节目《康熙来了》开启了娱乐新时代，节目收视率不仅红遍港台，更远播内地，成为内地少年的偶像。然而，在她事业高峰的时候，她毅然暂停演艺工作，结婚生女，并不久复出，继续带给人们快乐。她不仅是一个快乐的主持人，更是一个幸福的妻子和妈妈。她是小S（徐熙娣）。

不需要花心思讨好讨厌你的人，多解释反而狼狈，就让他随心所欲地讨厌你吧！花心思讨好你爱的人、爱你的人，值得太多了！

——小S

如果·爱

我承认我是一个变化无常的人，三不五时地摞下狠话说“我绝不”的句子，然后没过多久就改变了自己的立场。身边的人经常会提醒我，你之前不是说过你绝不怎么怎么样吗，我就会打死不认账：“谁讲过那些鬼话啊？”

我记得大概是七八年前，当时我还处于感情空窗期，有一天我妈开车送我去上班，她平常很关注八卦新闻，那段时间恰好有很多女明星未婚生子，她就一路警告我：“徐熙娣，以后你要谈恋爱可以，要结婚生子也可以，但是千万不能未婚生子，我可没那么开明，我是会不认你的。”我就说：“谁要结婚生子啊？谁要未婚先孕啊？我连男朋友都懒得交好不好？”那时候我最讨厌别人跟我聊结婚的话题，觉得婚姻是一件很变态的事情，每天起床后都看到同一个人，还要跟他相守到老，想想都觉得恶心。而且男人一旦有外遇，受伤害的永远是女人，真是搞不懂女人为什么要结婚。而且我最讨厌小孩了，像大S，她不管见到谁家的孩子，都能很自然地亲近，我就不可以，见到孩子，我不知道应该怎样反应，也绝不可能跟他们“和平相处”，所

以我“绝对不”会要小孩儿。

可是，当Mike（许雅钧）出现以后，我发现自己之前的想法都是错的。我之所以会瞧不起婚姻，是因为我没有遇到一个我想每天起床都能看到他的脸、一直相守到老的男人；我可能有时候确实没人性，不太喜欢别人家的小孩，可那不代表我对自己的孩子没有耐心，不懂得包容。在我和Mike的婚礼上，我们剪过一段影片。他说，新郎在遇到新娘以前，他以为这个世界上没有好女人了，因为他经历过很多段的感情，他觉得自己找不到好的女人了。我也说，在遇到我老公之前，我以为这个世界上再也不可能有好男人了。可是我们就是遇到了彼此，虽然听起来很肉麻，但那就是我们当时的心境。

我从恋爱到结婚，整个过程姐妹淘都有参与到。一开始的时候，我老公追我追得很勤，可是女生都会对自己的另一半有一个设定，开出种种的条件，他一定要很帅、很高等等，Mike完全不在我开出的条件之内。他是我认识的男生里面最爱穿紧身衣的。那时候每次跟他出去，回来我都会跟姐妹淘说：“你们绝对不会相信他今天穿的衣服有多紧，紧到衣服上面的图案就好像他身上的刺青一样。”他还有很多亮片装、豹纹或者丝质的铆钉外套。记得有一次，他带我去拉斯维加斯玩，逛街的时候，他给我选了一件衣服，上面是绣凤的，然后他自己也选了一件，是绣龙的，就龙凤男女各一套，这完全不是我的Style（风格）。

开始约会的时候，我们也会一起约去夜店喝酒、跳舞，他的舞姿也是我完全没有办法接受的。我觉得男生一定要安静地坐在一边喝酒，看着女生跳舞，他怎么可以要下舞池呢？可是他就是会，不仅跳舞，还用一种很奇怪的舞姿，就是很自信的，大拇指一定要翘起的那一种，他会把他当成是夜店里的主宰。因为Mike是佩慈介绍给我的，所以我就跟她说，这个男生不是我喜欢的类型。

可是人与人之间的关系是非常奇妙的，就好像我之前总是说“我绝对不”一样，之后会不自觉地把很多事情推翻。在Mike身上，有很多我曾经看不惯的缺点，但是随着我们的相处，越来越了解彼此，那些缺点反而逐渐变成了他身上可爱的地方。他的好笑不是刻意地搞笑，不像罗志祥，他讲个笑话，大家都会觉得他太会讲了。Mike从来没有想要刻意地去耍宝，所以他做的事情都非常得自然，不会让人感觉到恶心，反而我觉得很可爱。

比如说我们逛街，他那边已经累得半死了，我也已经开始发呆了，可是他突然从众多的衣服当中拿出一件丝质透明的衣服，很认真地说：“Baby，你觉得这件怎么样？”就是很认真，他没有跟我搞笑。然后我会说，这还蛮女性化的。他就会放回去，然后再拿一件譬如说是大铆钉，问我说，这件呢？换作他人也许会觉得很无语，可是我看到他的样子，反而会有一种甜蜜的感觉。我觉得这就是爱。当你看一个人的时候，怎么都觉得可爱，不管他做什么事情，你都觉得很好笑。他只要很自然地待在你的身边，你就觉得很幸福，那就说明你非常地爱这个人。

以前我总是觉得，如果每天都要面对同一张脸，总是对着同一个人说话、聊天，肯定会有厌烦的感觉。可是，当我跟Mike在一起时，我觉得即使看他看一辈子，都不会看够。有他在身边的日子，每一天都特别地开心。所以，如果你的身边恰好也有这样的人，一定要珍惜他。因为珍惜他，就是在珍惜你的幸福。

感情，就是要在乎对方的『感』受和心『情』

大家都知道，开始谈恋爱的时候会有激情，两个人在一起就好像是一种化学作用，感情会变得很深。可是在一起久了，那种化学作用会逐渐减少，感情也会逐渐地变浅，只能借助于其他的手段来维护。我到现在结婚快七年了，可是跟老公的感情一直都很好。很多人都好奇，问我是不是在刻意经营我们的婚姻？真的没有。婚姻又不是企业，要怎么经营？

我的生活就是尽量以放松为主。譬如说我跟我老公都很享受两个人一起在书房里，他在那边打电脑，我做我自己的事情。可是偶然之间会想到，老公就在旁边，就想看一下他的背影，然后就会有一种幸福感升起来。我会叫他一下Baby，他就会转过头来，我说，嘟嘟嘟，他就会回应我说，噗噗噗，就发出一些只有我们两个人懂的很无聊的语言，我就会再转过去做我自己的事情，这样就会觉得很开心。如果你要刻意在那边放音乐，大跳热舞什么的，我觉得最后只会尴尬吧。以我的个性，硬要去经营，刻意要求自己怎么跟老公相处，真的

做不来，我想两个人都很放松，在一种很舒服的状态下相处，这样幸福感才会加温。

当然，我们也有产生矛盾的时候。比如，我老公是那种很喜欢热闹、很喜欢朋友的人，而我们做艺人的，有时候在台上已经热闹很久了，私底下其实是很需要安静的，可是为了维护这个平衡，我会让自己跟着老公去参加一些他喜欢的场合活动。每一次我生日的时候，我们的意见都会不一样。他会说，Baby，你生日我一定要帮你办一个大party。我说，拜托，真的不要，我只想跟我最好的姐妹淘和家人一起度过。可是一旦他决定，他就会很用心去做，因为他觉得这是爱我的一种方式，他要告诉我他很爱我，并且要让全世界知道。

那时候刚好是《康熙盛典》巡演到了上海站，他就约了一个夜店，说要帮我在那边办生日party。结果那家店觉得机会很难得，就在网络上大肆宣传，说今晚小S在本店办生日派对，邀请大家一起来庆贺。我后来才知道这件事情，主持完演唱会以后，心里特别想躺在饭店里不动，可是我老公一直打电话说，Baby快点，你结束后快点过来，大家都在等你，好多朋友都想要帮你庆生什么的，我就说好吧，去。可是一走进那个夜店的包厢，我整个傻眼了，根本就没有办法放松。因为那些人一批一批地往里进，有几个是从台湾专程来看《康熙盛典》演出的，有一些零零散散的是上海当地的朋友，其他2000个我完全不认识。所以我看到每一张脸的时候都在想，你们是谁啊？我老公就过来，因为他已经先到现场帮我招呼大家，已经是微醺，就兴奋地说，Baby快点来，好多朋友，大家都好喜欢你，好爱你。如果是以前，我绝对是大抓狂，可是我看到他的样子，虽然这个party不是我想要的，可是又觉得这样爱你的一个男人，他又这么想要为你做一件事情，而且在做的过程中他又那么开心，我就想算了，不要在那边要一些让人讨厌的女明星派头，就融入了那2000人当中，跟他们喝啊闹啊之类的。

那个party结束之后大概有两个月，我跟我老公说，Baby你听我讲，明年的party我真的只想要我的姐妹淘跟家人。他说好，没问题。可是等到逼近我生日的月份，他又开始对我说这一次我们要办在哪里，就又开始表现。我也明白，因为他太爱我，这就是爱我的一个表示，所以我会更多地体谅，而不会发脾气。我觉得人可以发脾气，因为没有脾气的人确实会平静到会让大家觉得很诡异，可是不要跟爱你的人，跟他因为爱你而做的事情发脾气。

两个人在一起，不能仅仅顾及自己的感受，更要顾及对方的感受和心情，给他一个能够表达爱你的机会。所以即使是我不喜欢那样的场合，不希望和很多陌生人一起过生日，也顶多会跟他抱怨一下，说Baby不要再这样了啦。跟他讲我的内心话，但是不会发脾气。这就像是跟妈妈发脾气说你不要动我的东西一样，她会觉得很无辜，说“我也只是在帮你整理啊”一个道理，都是基于爱。

老公也是一样，他会因为爱我，想要对我好才去为我准备生日，如果我因为这件事情去发脾气，就会很伤他的心。我不想做一个总是伤害别人的人，所以面对爱我的人，跟他因为爱我而做的事情，我不会发脾气。

妈妈伟不伟大，跟怀孕无关

小时候经常会听人说：“一定要孝顺妈妈，因为妈妈十月怀胎很辛苦、很伟大。”长大以后也看了一些叙述妈妈怀孕有多么辛苦的文章，更时不时地听到妈妈讲自己怀孕时被折腾得有多么凄惨的故事，吓得自己一度不敢要小孩。可是，我怀孕以后，才发现事情并不像他们讲的那样。

我觉得怀孕是一件蛮幸福的事情，尤其是在第一胎的时候，周围的人都会对你毕恭毕敬，享受的是女王一般的待遇。第二胎的时候，因为已经有了经验，心情会特别放松。怀许老三的时候，我有一些抱歉。因为第一跟第二胎的时候，我的身体都是很瘦的，肚子也没显得特别大，大概到快五个月的时候，还是好像吃太饱的感觉。可是到了第三胎，差不多四个月的时候，肚子就已经非常大了，我就想怎么会这样，难道怀的是史瑞克吗?

每次生完孩子，我的身材都恢复得特别好。在怀孕的时候，我也在坚持录《康熙来了》，观众朋友们可能会说，脸怎么完全没有变大？到底是我在刻意保持还是天生就让人嫉妒的脸？我觉得这跟我的

身体特质有关，我真的就是一个生孩子机器，我的身体太适合生小孩了。我经常听其他的妈妈说，随着怀孕的过程，会有很强烈的反应，身子也会变得越来越重，可是我完全不会。一般都说孕妇的胃口比较好，我对我自己也比较放纵，觉得反正都已经怀孕了，这个阶段可以想吃什么就吃什么，稍微地任性一下，或者是操控我老公什么的。但是因为我吃太多胃就会开始灼热，也没有特别想吃的东西，所以就变得一切跟没有怀孕时一样。

在节目上我经常嘻嘻哈哈，好像什么都不在乎的样子，但其实我容易有罪恶感，尤其是对我在乎的人。我经常会觉得自己并没有从他们的角度出发，替他们多做考虑。尤其是对许老三，我的罪恶感尤其重。刚开始怀她的时候，我的情绪有一点坏，对她有一点生气。因为之前我跟我老公是很认真地想要怀第三胎的，可是试了很长时间也没有动静。我就跟我老公说，Baby算了啦，这种东西就不要强求了，有就有没有就不要，如果很刻意地为了生而做一些事情，真的好累。

说了我不要生孩子之后，我们就开始放松下来，喝酒也没有那么注意，夫妻生活方面也变得比较放松。结果在我老公生日那天，因为要办一个生日派对，晚上有很多朋友来庆祝，我们就趁着下午空闲的时间去做了一下按摩。趴下来做油压的时候，不管我怎么趴都觉得不舒服，我就跟我老公说，Baby，我的奶头好痛，胸部觉得胀胀的。当时也没有多想，只是觉得这种感觉是那段时间都没有过的。等到party隔天，早上上厕所的时候，我就想试试看，搞不好就是一些征兆，结果一验就有了。

在我完全没有准备好的状态下，许老三突然地出现，我觉得很不习惯。身边开始有人说，你现在怀孕了，要控制啊，要健康什么的，我就有一点烦。怀孕快两个月的时候，我开始跟她说话。可是说着说着，眼泪就经常会突然掉出来，我也会被自己吓到，想虽然难过，但是也没有到这个程度吧。但是眼泪就是控制不住，觉得自己很委屈。我老公知道我的情绪波动蛮大的，就一直在一边安抚我，我的心情就渐渐地平静下来。我觉得哭一哭真的挺爽的，心里会有一种被清理过的感觉。毕竟是在没有准备的情况下，要想让一个妈妈能够完全地冷静下来，确实是太难了。可是有些事情会慢慢地变成一种习惯，当你适应了的时候，一切事情都会变得习以为常，没那么恐怖了。

渐渐地，我接受了怀许老三的事实，也逐渐恢复到了平常心，经常会跟她对话，也变得越来越爱她。可是对于刚开始的情绪，我还是会觉得抱歉。后来，她平平安安地出生，抱着她的那一刹那，我觉得自己好幸福。以前我一直不喜欢小孩，看到别人的孩子总是敷衍，不会有任何亲密的举动，但是面对自己的孩子，心里满满的都是爱。现在我已经有三个女儿了，不管哪一个都是我的心头肉，可是怀孕真的没有大家说得那么悲情，妈妈伟不伟大跟怀孕没有关系，怀孕只是一个过程，要成为一个好妈妈，要看小孩生出来后怎么对他。

为什么我不走温情路线

艺人的工作时间很不稳定，但是我都会安排时间送小孩上学。如果有几天因为工作的原因没有陪小孩，我心里就会有很深的罪恶感。我很爱我的女儿，可是这些话平时都不太会讲，因为我不想走温情路线，因为温情已经满人间了。我希望能够塑造一种很有趣的妈妈形象，就连出书，也尽量都会想出一些与女儿争宠的搞笑细节，但那些大多都是夸大了的手法，因为如果我真的在书里讲我有多爱我的女儿，那谁还要看？

艺人更多的是给人家娱乐，我很清楚自己的职业应该做哪些事情，不应该做哪些事情，可是能够把握这个度，并不代表就可以掩藏所有的真性情。我是一个特别容易产生罪恶感的人，尤其是对我爱的人，总觉得做得不够。每次离开家飞到外地去工作的时候，上飞机前和下飞机后，我一定会给家里打电话，关心一下老公怎么样，天气冷的时候记得加一件外套，也会特别地问候公婆，让他们照顾好自己。女儿是我的死穴，每次跟她们通电话的时候都特别想哭，有时候得特别地控制情绪，才能把要掉下来的眼泪吞回去。

人人都知道小S走的是“鬼马”风格，如果有一天我在那边大讲特讲苦情戏，才会让人受不了，而我自己也不习惯做一些煽情的事。之前阿雅去美国游学，虽然我常常在节目当中羞辱阿雅，可是她毕竟是我爱的人，我也知道其他的姐妹都没有跟她联络，她们可能会在阿雅要走的时候说，好啊，恭喜你啊，希望你一切顺利，然后就也很习惯她不在身边的日子。可是我想到她一个人在国外的艰难，就会打电话给她。

可是我的关心还蛮另类的，电话打过去的时候说，阿雅你最近在美国怎么样？你的英文现在怎么样？她就跟我说，还不错啊，最近交了几个美国朋友。我就问她，你们都是用英文对话吗？她说对啊，都是美国人，也不会说中文，大家就只能用英语交流。听她这样讲，我心里就觉得放心了，可是还是忍不住放狠说：“但是我英文还是比你好。”然后就把电话挂了。

有时候我觉得自己还蛮欠揍的，明明很想关怀，可是你要我一整通电话都讲一些煽情的话，很想你啊之类的，我会受不了，所以即使是在国际长途里，也会忍不住羞辱阿雅几句。姐妹们都会明白，那就是我关怀的一种方式。

但是观众朋友们常常会误解，以为我是一个可以随意指责和批评别人的人。刚出道的时候，我确实有一些叛逆、愤世嫉俗，看不惯什么就会直接说出来，丝毫都不懂得隐藏情绪，只想一味地展现个人真性情。可是在娱乐圈闯荡这么些年，经历了太多事情的历练，我的反叛个性逐渐被消减，反而会越来越懂得考虑别人的感受。现在我会约束自己少讲不喜欢的人和事，多与观众分享好的事情。节目当中当然还会闹一下来宾，也会偶尔开他们的玩笑，但是就单纯地为了节目好看，不会有任何的攻击性。

有时候观众朋友们可能会觉得奇怪，为什么节目上我对来宾“猛攻击”，开人家玩笑，还问一般人不敢问的问题，但是大家还是那么喜欢我、爱我。我想，那是因为很多都只是节目的“爆点”，抛开制造话题这一面，我其实特别留意别人的感觉，不希望自己让别人尴尬或者不舒服。所以屏幕上的形象，可能都是大家感兴趣的，但其实是隐藏了自己的真性情。每个女人都会有温情的一面，只不过看她愿不愿意表达，使用怎么样的表达方法。

做女儿的『妈妈朋友』

我好像一直都是一个嘴巴上很喜欢逞勇斗狠的人，以前我很喜欢说谁要生小孩，我就不是爱小孩的那种人。像大S，任何陌生的小孩，她都可以拿来抱。那些陌生的两三岁的小孩子，她都可以跟他们好好地聊天，我就没办法，只是想礼貌地应付他们一下。可是没想到我生了小孩之后会非常非常爱他们，而且不管他们做了什么事情，都好像没有办法凶她们。

平时我跟很多妈妈在一起。她们都会说小孩子还是要打，因为你打了他一次之后他就会记得。我和大S小的时候就经常挨我妈打，我们都说她在虐待我们，可是她好像也把我们教得不错，所以这个方法也许是可行的。可是回到家里，如果我女儿不乖，我看着她的眼睛，却怎么都下不去手。我怎么可能打她，她就是一个人，你打完她之后，她用一种不可置信的眼神看着你，那种氛围会变得很凝重，会让人觉得更难受，所以我真的没办法打她们。

如果小孩很胡闹，做错了事情，我和我老公的教育方法完全不同。在我们俩之间，他是扮黑脸的，我喜欢走好好讲的路线。我记得

有一次，我的两个女儿在为了糖果的事情吵架，可能是妹妹拿了两颗，姐姐只有一颗，就吵个不停。我就对她们说，不要再吵了，你们现在把时间浪费在你有两颗我有一颗上面，为什么不用这个时间好好享受你们现在有的一颗跟两颗糖。我希望跟她们讲道理，可是我大女儿走过来看着我说，妈妈你手上有没有表。因为我说她们现在浪费这个时间，所以她就很好笑地问我这个问题。我解释说那只是一种抽象的动作，最后也就不了了之。

可是如果有我老公在，就会不一样。比如她们在车上不系安全带，我就会说，你们是希望煞车的时候有人飞出去被车撞到变成贴纸吗？妈妈只好把你们带回家贴在墙上了，因为被挤扁了。我会顺便附带这种故事，然后搞很久，可是我老公只要很严肃地说一句，坐好，安全带，她们就会很安静地扣好。因为我老公已经在扮演一个黑脸的角色，如果我再那样，家里面有两个黑脸，小孩子也太累了，所以我还是愿意维系我的风格，做孩子的玩伴，我希望自己是她们以后愿意讲心事的妈妈。

对于大众来讲，我可能是一个很另类的妈妈。我大女儿三四岁的时候，一般大人都会说，来，宝贝，叫妈妈，然后教他们一些很讨人喜欢的事情。可是我会教我大女儿说，来，斜眼瞪人，然后她小小的样子，就会不停地瞪人，非常得可爱。我也会跟我的女儿说，来个鬼脸。开始的时候她们只会伸舌头、用手把嘴角往两边扯，我就说，不要靠手，要用你们的大脑，告诉你们的脸上的肌肉，你的眉毛现在要去哪儿，眼睛要如何翻白眼。现在我大女儿已经被我训练到可以做出很高难度动作的鬼脸来，二女儿还只能做简单的。我觉得一些常识，包括数理化的知识，你要学会实在太容易了，你念故事给孩子听，她们就会知道这个世界大概是什么样子，可是脑筋灵活这个是很难体会的，我希望透过鬼脸来激发她们的创意。

这样其实也造成了孩子的困惑。每次拍照的时候，她们为了赢得妈妈的赞赏，就不停地做鬼脸，几乎所有的照片都没有正常的。因为我会说，这个鬼脸厉害，那个鬼脸不错，可是我老公会说，一定要看镜头，你没看镜头以后长大了就不知道是你了。我公公婆婆又会说，不好看啦，小孩子要笑才可爱。所以我觉得我女儿她们还蛮矛盾的，但是后来我公公被我洗脑，我跟我公公说，爸爸，你要知道人可以用他的大脑去控制他哪里的肌肉到哪，这是很了不起的事情，她们现在一个五岁、一个三岁，却可以做到这种鬼脸，这是非常难的事，只有我们许家的宝贝才可以。后来如果她们做鬼脸，我公公都会说这很厉害，可是我婆婆没有被我洗脑，还是坚持说不好看。所以每次拍照都非常好笑，当然，在这种状态当中也算有一个平衡，至少有几张正常的照片。

虽然我一直都希望做女儿的朋友，不希望自己干涉她们太多，可是在最初的时候我还是不太希望她们踏入演艺圈。我会尽量地封锁演艺圈的事情，让她们忽略掉她们的妈妈是明星这件事情，可是我婆婆觉得，她的媳妇是明星，她觉得很骄傲，所以趁我不在的时候播放《康熙来了》给我女儿看。有一次我女儿竟然主动跟我说，妈妈，我长大了也要当明星。我问她是哪一种明星，她说要穿着漂亮衣服去拍照的那一种，像你一样。我当时很想劝阻她们，因为我真的怕她们不红。做艺人，要么就很红，要么就完全没有人认识她，万一要红不红，她承受不了这种压力，再想去做别的工作就会很难。别人也会说，你看，那不是小S的女儿吗？后来没红。后来我发现我好自私，因为这是她的人生，我凭什么干涉她？就算她不红又怎么样，那也是她自己要去承担的事。所以我现在不会再去劝阻她们，她们想做什么就做什么，除非是伤害自己的事情。

我的这个教育理念其实来源于我的婆婆。我公公跟我婆婆也是，一个唱黑脸一个唱白脸。我公公相对来说比较严厉，而我婆婆从来不发脾气，也没有打骂小孩，可是她的三个子女都教育得很好。我问她，你为什么那么厉害，是怎样做到的？她就说，一定不要让小孩怕你。因为很多父母都很想要小孩怕他、尊敬他，要在孩子面前树立一个权威感。可是我想说，你要小孩子怕你，你到底想要获得什么呢？他怕你之后，也不会再跟你讲心事了。我不需要小孩怕我，而是希望做他们的“妈妈朋友”，她们会爱我，也会愿意跟我分享心事，所以我婆婆的话对我一直都很受用。

幸福微语录

@ 关于美丽——即使有这么多人说我姐比较漂亮，我也完全不当回事，我是很诚心地投入在自己是美女的世界里。

@ 关于工作——《康熙来了》不会换人，我会坚持工作，反正《康熙来了》也很轻松，就在那坐着说话而已。

@ 关于人生——当别人怕你的时候，就什么都不会跟你讲了，父母亦然、同事亦然、朋友亦然，我与其被过于尊敬，还不如被轻松喜欢。

@ 关于爱情——挑男人没别的，就是要疼你，任他再有钱、再有才华、再帅、口才再好、智慧再高、能力再强、孝顺感动天、大爱助众生，不疼你，一点屁用都没有！

@ 关于交际——别人呛到的时候，不要问他：你还好吧？要不要喝水？因为一边咳嗽还要一边回答问题，很难受！大家就聊别的，让他尽情地咳个够！拍拍他背，让他知道你们在关心他就好！

@ 关于孩子——我对改变和未知充满了好奇，比如说，我很好奇，为什么做妈妈的会那么爱那么爱一个小孩？像我的心一直分给很多人———家人、姐妹、丈夫之类的，没办法只爱一个人，所以我很想知道，很想体会爱小孩爱到那样程度，究竟是一种什么感觉。

大S

爱情面前，学会『放手』不如学会『下手』

她是《十分钟的爱恋》里的那个可爱少女，是《娱乐百分百》里的搞笑主持人。她饰演的“杉菜”和“小倩”是影视上不可超越的经典，亦是许多80后的青春回忆。她爱美，爱时尚，并热心分享了她的美容攻略——《美容大王》。她热爱动物，坚持吃素。2010年底，她的爱情故事惊讶了两岸三地，连续一个多月登上娱乐头条。她是大S（徐熙媛）。

一直以为，面对爱情要学会何时放手，现在惊觉学反了，其实该学的是如何下手……

——大S

恋爱，无法熟能生巧

常常会有一些傻女孩，说她的择偶条件是对方要孝顺、爱狗什么的，我就觉得，这是什么烂条件啊，如果一个人不孝顺，他就根本不配做人。如果他连身边最亲的人都不顾，那他对周围的人都会是冷血的、没有情意的，所以孝顺是一个人必需的品质，不应该作为一个优点，放在择偶条件里。

当一个女生，需要用条条框框去限定自己的择偶对象时，那说明她根本就不了解自己，不知道自己的内心真正需要的是什么。人与人之间的感觉是很微妙的，有些人相处了很长时间，却未必了解对方。其实在感情上，两个人之间是存在一种气场的，他是否合适你，你们的相处能否培养出默契，他能否带给你感情上的希望，给你一个幸福的未来，在你看他第一眼的时候就能感觉到的。很多人把这种感觉称之为直觉，觉得很片面，但我觉得这种感觉恰恰是内心的声音，你的心最懂你，你跟谁在一起会让它感觉到舒服，它会在第一时间反馈给你。

我和小菲就是这样，在见到他的第一秒钟，我就知道我要嫁给他，并且以后要跟他生小孩。他见到我的第一眼也是，就知道他会娶

我。我们的结合，就像是投下了一颗让人震撼的炸弹，让很多人都开始对“一见钟情”、“闪婚”这些东西充满了憧憬和希望。

在我结婚这件事上，我身边的朋友分成了两派。一派是重新对感情燃起了希望。在我结婚之前，很多人都叫我“剩女”，就是剩下来的女人。我觉得这个封号很不礼貌，但是我身边有很多这样的人，因为我，她们仿佛看到了爱情全新的曙光，觉得自己在爱情方面还有希望，也许有一天也会像大S一样，遇到自己的真命天子。另一派是对自己的感情失去信心的。她们问我：你怎么知道你要嫁给他？我说我第一眼看到他，就知道他是我一直都在寻找的人。平时我经常跟朋友们说，如果遇到对的人，我会毫无保留地交出自己的心。而见到小菲的第一眼，我就知道我应该把心交出去了。她们听后就说，我已经跟男朋友交往十几年了，我觉得我不会嫁给他。我说那你还犹豫什么？所以她们就赶快分手了。我结婚这件事情，就是有这样的效应。

我是属于那种直觉超强的人。譬如小时候我和小S第一次看到阿雅，我就跟小S说，以后她会是我们的朋友，后来真的就是，而且我们的姐妹情谊十几年都不曾改变。但是能够跟小菲在一起，还是有天时、地利、人和的因素，因为是在对的时间遇到了对的人。在遇到小菲之前，我已经有两年多的时间没有谈恋爱了，一直忙于工作，每天都非常拼命。那段时间我以为自己是不需要爱情的，也很排斥跟男生接触，所以在台北家里装潢的时候，还夸下海口说：“我会让我家成为月亮宫殿，绝对不让男人进来。”可是房子还没装修完，我就要结婚，从此以后就跟男人住在一起了。所以小菲的出现，我的直觉很重要，但是时机也很重要。

我也算是一个轻熟女，前面也谈了几段恋爱，但是感情的事不会

“熟能生巧”，并非前面的感情积累，让我更清楚地知道自己想要的人是什么样子的，而是说你会跟一个人谈恋爱，是听了自己内心的感觉。你的心会告诉你，你们之间以后会不会有缘分。不管是当朋友，还是做情人，只有内心舒服，缘分才会延续。而我跟我老公的缘分，是我看他第一眼的时候，就觉得心里很舒服，知道自己会嫁给他，而他也是遵从了自己的内心，觉得我才是最适合的人，才跟我求婚的。所以，与其用条条框框去框定你的择偶条件，不如问问你自己，你的心是否愿意跟他走在一起。

相信幸福，才能得到幸福

我做很多事情都是当机立断的。很多人拍戏会说，杀青的时候走不出来，但这种事情从不会在我身上发生。对我来讲，一件事情结束就是马上结束，一秒钟就结束。入戏的时候也是，只需一秒钟，所以江湖人称“一秒郎”。

决定结婚也是一秒钟的事。当时我老公说，你要跟我结婚吗？我说好，然后我们就去登记了。虽是闪婚，却非草率。因为在决定结婚之前，我是一定会相信这个人的。只有相信所要嫁的人，两个人生活在一起，才能幸福。因为嫁给对方以后，你们要同甘同苦，他的富有，他的贫穷，你们要一起承担，所以一定要有责任感，让他变得更好。只有他变好了，你才能变好。

为了求得他的好，我一直都很努力地支持他的事业，做他精神上的坚实后盾。

老公的新餐厅在台北成立。这是在台湾创业的第一步，开业之前他一直都非常忙碌，心里也会有一些忐忑和不安。每每这时，我都会尽心去帮他，从试菜、装潢到找设计师，无一不参与。营业之前，我

还特意叫了我所有的姐妹——阿雅、范范、晓萱……过来帮忙试菜。本是好心好意请她们吃，结果却惨遭吐槽。当时我们刚坐好，店员就走过来说：“徐总，请问你今天要吃什么？”她们听了都大笑，说我年纪轻轻，却是一副老总的派头。其实我一直都跟店员讲，不要这样叫我，以后叫我大S就好，可他们耳朵就是很硬。

小菲的事业，我会尽量去辅助，却不会把它当成是自己的事业。就像我的演艺事业，也是跟我老公无关的，不可能我在主持节目的时候，他还站在旁边说：“对，大S平时都是很努力的。”我拍戏的时候，他不可能替我去演。我们可以相互帮忙，但又都是独立的个体，在婚姻中保持着一定的自由。但是我们相信，因为对方的存在，自己更有信心，也更有力量，我们的生活也会因此而变得更加幸福。

小菲是一个很体贴也很细心的人，我对他的好，他都是记在心上的。他其实非常可爱，饭店开幕的那天晚上，出于礼貌，他要跟到场的所有亲友们敬酒，可是他第一句话却说：“我要谢谢我老婆，她最近实在是太辛苦了。”真的让我很感动。我觉得有时候夫妻之间并不需要太多的言语，简单的一句话，却表示他懂你，他知道你的心，就好。他很体谅我，希望我不要太辛劳，可是我就是停不下来，会替他担心。

开店做生意，很难避免应酬，而且餐厅就开在我们家隔壁，吃晚饭的时候，我们来这边是最方便的。但是每一次来，亲友们都会一呼百应，你来我也来，所以每天几乎还没有坐下来开始吃，就会说先请她们喝两杯，结果每一次都是，饭没吃多少，酒喝一大堆。

因为我是艺人，姐妹们也经常来捧场。每次她们来的时候，店员都会说：“徐总，几位女明星来，要不要特别包厢？”我就说，我不要包厢，你给我特别的位置，我要最中间，路人探进头来就可以看到有好多女明星的那个位置。这是一种很好的营销手段，所以我也应该算是一个非常不错的贤内助。

结婚以后，经常会有人问我：你已经适应汪太太的身份了吗？他们这样问，不仅是因为我帮忙料理小菲的餐厅，还因为我结婚前后那一段极度漂泊的日子。在我结婚以前，我在台北刚刚买了新房子，忙着装修，准备搬家。结婚和搬家虽然都是令人开心的事情，但同时也是最累人的。婚礼结束以后，我又马上从台北搬到北京。要适应一个全新的地方，其实是一件不容易的事情，但大家的担心似乎是多余的，因为从我决定结婚的那一秒钟开始，我就已经适应了汪太太这个身份。尽管漂泊，但因为有小菲在，我有一种从来没有过的安全感。我相信只要我们在一起就是幸福的，这是得到幸福的基础。当一个人的心里有正能量的时候，苦日子也不会觉得苦。

仔细回想起来，那段日子确实有些艰难。对别人来说，结婚是一件可以让自己安定下来的事情，可是我从结婚那天开始就不停地在流浪。当时我正在北京拍戏，杀青之后又要去上海连续拍三个月的戏。几经辗转，又是在不同的地方，所以我身上的两个行李箱，已经跟了我两个多月。本来我可以利用中间的空当回台北搬家，但没想到就在这个时间，我老公突然出现，我决定嫁给他。

在北京拍戏的时候，我的右手一直麻，后来不能动，我就想把后面那三个月的戏推掉，因为那是一部打戏，我不可能一只手“残废”继续拍打戏。可是那部戏的导演是我老公的朋友，他希望我能把这部戏接下来。碍于人情，我不得不放弃原来的想法，去了上海，继续工作。

趁着我忙的时候，我妈和我妹帮我把台北的家搬了，那其实是一件很可怕的事情，因为我身边的行李就只有那两个箱子，其他的东西都在台北，可是新家什么样子我也不知道，只知道自己印象中的家已经没有了。戏拍完后，小菲把我接到了北京，我们就定居在那里。但其实那时候他的家还是一个很小的单身公寓，衣服什么的放他一个人的刚刚好。我搬进去以后，还是那两个行李箱，也不敢把里面的东西拿出来，因为放不下。

在筹备婚礼的那一段时间，小菲以最快的速度买了一套适合我们两个人住的大一点的房子，然后装潢。趁着缝隙的时间，我又回到了台北的家，赶快打扫，之后又搬到了北京的新家。那一阵子完全没有停下来，我都不知道哪里才是我的家，好像饭店还比较像是我家。但奇怪的是，即便是很漂泊的日子，我的心也是很安定的。因为谈了恋爱，找到了对的人，有他的地方就感觉像家了。

结婚比恋爱更有趣

我们的蜜月之旅定在不丹。这完全是计划之外的事情。因为我这个人一向不按常理出牌，我从来都没有想过自己会嫁给北京郎，也没想到我的蜜月要去不丹，全部都是突然想到要去的。

我老公是一个很虔诚的佛教徒，他在结婚之前就常常说要去印度、不丹、尼泊尔这一类的地方。那时候正好有一个仁波切[①]来参加我们的婚礼，说可以帮我们办不丹的通行证。因为不丹的通行证不是那么好办理，既然他可以帮忙，我们就顺势去了。在不丹的时候，那位仁波切也很贴心，还帮我们在那边举行了一个仪式，让我们穿上不丹的传统服装。那天真的很好笑，我从早上一直笑到晚上。因为小菲穿上不丹的服装：一件露着膝盖的裙子和一双很夸张的鞋子，就像是一个谐星一样，一直点到我的笑穴。阿雅她们也随行，我一直把小菲的笑话分享给她们，可是她们都觉得我很夸张，实在没什么值得她们笑

① 仁波切是对藏族地区的一些转世修行者的称谓，汉族人习称“活佛”，准确译称是“转世尊者”。

一天的。也许这就是情人眼里出西施吧，找到真爱的时候，总会觉得那个人是最帅的，也是最让人开心的。

因为我跟我老公认识的时间不长就结婚了，所以彼此之间了解得并不多。在相处的过程当中，好像每一天都能看到他不同的样子，而每一个新的模样，都会让我感觉找到了一种新的惊喜。那段时间，身边的人都说我变了。以前人们看到的我更多是在工作。我做事情都是百分之百投入的那种，在工作的时候会保持一个很完整、很全然的状态。在这之前，我已经有两年多的时间没有谈恋爱了，所以他们或许已经忘记了我谈恋爱时是什么模样。跟小菲在一起之后，身边的人打趣说，我做事情都带着娇笑。

有时候不得不承认，爱情可以让一个人发生很大的转变，以前不屑于做的，或者不敢做的、不情愿做的，会在顷刻之间改变，并且自己会很享受这种改变。恋爱中的女人，经常会惊讶于自己的转变，但其实是通过爱情，我们发现了另一个自己。我平时是非常冷静的一个人，表达感情上会比较内敛，可是见到小菲的时候，我突然觉得内心多了许多热情，也有更多的女性的柔软想要释放。

有一次我和我妹一起去拍广告，小菲过来探班。因为许久没见，又处在热恋中，难免会有一些比较亲热的场面。我其实想要避开我妹，毕竟我是做姐姐的，多少都会有一些廉耻之心，所以我们都是偷偷的，趁着我妹在前面化妆的时候热吻什么的。可是我不得不承认，我妹是个不要脸的家伙，她听到了一些动静以后，竟然就直接转过来参观。我就问她：看什么啊？她就说：不看白不看。我一想，也对，然后我们也没管她，就继续。

其实我妹一直很关心我，看到我为感情做出一些改变，她也替我高兴。因为女生嘛，还是需要谈恋爱的。可能有些人是真的不想谈恋爱，就算身边的人不停地鼓吹，她也会觉得很没意思。但是我觉得谈恋爱真的是一件很有趣的事情，而结婚比恋爱更有趣。因为它有更多的层次，可以朝着恋爱不同的方向去发展。譬如说，在谈恋爱的时候沉溺在两个人的世界里，虽然结婚以后两个人还是自由的，可是会变成两个人必须要有一个共识，共创一个新的空间，因为你们就是一个家庭了。

爱情是一件非常美妙的东西，每一天都会是一种学习。因为你要很用心去了解他，他也会很用心地了解你，但是了解的过程不可能一步到位，是需要透过生活来沟通的。当看到不一样的他时，你会有一种惊喜，也会有一种陌生，但是你必须要学会调整自己，去熟悉对方，跟上他的步伐，这样你们的家庭才会步调一致，你们也才会在生活中减少更多的摩擦。

我和小菲，还走在相互了解的路上。我是一个连自己都不了解的人，做事情又是很随性的，想到哪里就做到哪里，完全没有计划，不知道他在了解我的过程中会不会感觉到很辛苦，但是我相信只要用心了，在爱情里的他和你，都会有一种完全不一样的感觉。

『女王』是一种姿态，并非真的强势

我是一个很独立的人，在北京的时候，如果没有工作，我会一直待在家里。小菲晚上下班回来说，你为什么不出去走一走，我说没有关系，我可以一个人待在家里看看书、听听音乐什么的。我觉得自己就像是一匹狼，要我出去觅食打猎可以，要我在家里待着守着也可以，因为我是一个从来不会觉得寂寞的人，我也不怕寂寞。

工作的时候，很少有人叫我熙媛姐、大S姐之类，都是叫我“大哥”。因为我们的团队都是女生，而我的工作居无定所，忙起来的时候就是一天一个城市。我们一群女生，就是那样一路漂泊。表面上看打扮得很漂亮，柔情似水，是很风光的女明星，但背地里头每天却如同在战场上冲杀一样，赶快换衣服、鞋子，背一大堆的台词，武打的动作需要做到什么程度才算精准，拍喜剧的时候怎么样抓住观众的笑穴，都要马上学会。

她们叫我“大哥”，一方面是因为我是她们的带头人，另一方面是因为我本身有这个气场。我妹妹周遭的人，都会觉得很轻松，因为她天生就有这种能量，能够让大家非常地放松。可是我天生就是有一种力量，让大家知道如果不小心突然到了世界末日，赶快找徐熙媛就对了。我就是属于这种类型的人，平常让大家都觉得害怕，可是如果到了走投无路的时候，过来找我就对了。

小S以前在节目里说，她跟我在一起会有一种伴君如伴虎的感觉。我姐他们也会有这样的感觉。有时候我跟我姐说："姐姐帮我泡杯咖啡。"我都听得到她强忍住说"喳"的声音；有时候我喊我妈，我姐夫都会说："传徐妈妈。"所以我是那种连身边的人都感觉害怕的人，有一种天生的"女王"一般的威严。

但其实"女王"只是一种姿态，我希望可以给家人一种安定的感觉，只要有我在，他们就会觉得安心。而且，作为一个女生，闯荡娱乐圈是一件很艰难的事情，我希望大家看到我的时候就能感觉到，我不是一个好欺负的人。所以这其实是一种保护色，而不是我真的为人特别强势。对待我爱的人和爱我的人，我还蛮细心的，也希望能够给他们更多、更好的照顾。

我和我妹从学生时期就出道了，做唱片宣传的时候非常忙，常常要跑一些通告什么的，可是不管多忙，我们总会定期地选择一天陪家人，那时候我爷爷还健在，我们一定会过去陪我爷爷奶奶吃饭，逗他们开心。每逢佳节，就是艺人抢钱的时间，我们从出道到现在在这个时候是从来不接工作的，譬如说圣诞夜跟跨年，还有中国传统的春节，这几个节日我们一定跟家人在一起，不管给我们多少钱我们都不去做。母亲节的时候，我特别喜欢给我妈惊喜。我会把礼物藏在某一个地方，让她自己去找，循线搜查，顺便可以预防她老年痴呆症，你看我这个人多贴心。

现在我自己也组建家庭了，除了我家人的感受以外，也需要格

外地顾及到老公和公婆。结婚之前我一直都在拍戏，因为那是我一直都喜欢做的事情，结婚以后，我把所有的戏都推掉了。因为无论是公婆，还是我跟小菲，我们都希望能有一个孩子。当时抱着一个美梦，把戏推掉了，就可以怀孕了，然后可以生一个小孩，一年之后再出去拍戏。结果发现还真的有高龄产妇这回事，虽然我们一直都在努力，但就是不容易受孕。正好这个时候我妹也要生孩子，让我代班《康熙来了》。她很想让我在心理上减轻压力，因为如果压力很大，往往很难心想事成。而这段时间，小菲在台北开了新的饭店，需要经常留在台北，我们会有更多的时间相处，制造我们的Quality time①。

虽然这段时间把工作都推了，孩子也没有如期到来，但我还是觉得自己非常幸福。因为我的家人都很幸福、健康，与老公在一起的日子，也能每一天都过得很开心。

我经常会因为一些小事情而开心，会因为一些微小的事情能够心想事成而获得满足。所以我觉得如果一个人想要获得幸福，就必须要学会顺其自然的面对生活，同时要兼有“女王”的姿态和柔软的性情，一方面能够给家人安定的感觉，成为周围人的定心骨，另一方面也要保留女性的柔软和细腻，兼顾好家庭。

① 黄金时间。

感恩，从素食开始

到目前为止，我已经吃了十年的素。

对于一个经常需要在外面应酬的人来说，吃素不是一件容易的事情——别人会因为你吃素，在吃饭的时候不知道点什么；或者他会觉得你很麻烦。小菲在我身边，当然能够体会到吃素人的难处，所以格外用心地在自家餐厅里准备了素菜单。点餐的时候可以发现，他在素菜的后面加了一个绿色的V字，可以让那些素食朋友很开心地用餐。

我不得不承认，因为爱的关系，身边的人是会彼此感染的。在吃素这件事情上，我的理念先后感动了我妈、我姐和我妹，然后是小菲。因为我会把动物当作是自己的家人，我觉得我不能吃我的家人。这其中是有缘由的。当时是武媚娘——我最爱的一只狗生重病，看着它垂死挣扎的样子，我非常难过，可是想了很多的办法好像都救不了它，于是我就想到跟死神交换，用我最爱的东西来换它的命。我以前是无肉不欢者，吃肉是我的一大喜好，但是那时我想说，我可以把这个喜好改掉，用一整年的吃素来换武媚娘的命。结果莫名其妙地，它就真的活下来了，我也坚守了自己的承诺。

但是人的心理可能是这样，越是不能做的事情就越想去做，尽管已经许愿了，可是有时会想，偶尔吃一口肉也没有关系吧？死神应该不会发现的。思想上产生动摇。这时候我就想，我现在想吃的这块牛肉，如果这只牛是我养的，我帮它取了一个名字，它是我的宠物，那我就会跟武媚娘一样没法吃它。后来，我就把每一个动物都当成武媚娘，然后我就想通了一个道理：其实我是爱动物的，我不可能吃我自己家的狗，那等于是如果我养了一头牛，一只鸡，我也不会吃它们。

在这一年当中，我每天都在跟动物们培养感情，所以等到可以开荤的时候，已经没有想吃肉的心了。小菲受了我的影响，曾经有一段时间陪着我一起吃素，也要求自己的饭店不卖鱼翅。但是我跟他说，你有这份心就够了，不用那么勉强去吃素。因为你是做餐饮业的，需要经常试菜，如果吃素会很不方便。

除了把动物当成好朋友，我吃素的理由，更多的是因为感恩。我很感谢生活给我带来太多太多的东西，到目前为止，我心里想要的都已经得到了。我觉得人是要学会满足的，这样你的内心才能够被填满，日子才能过得充实而幸福。如果你总是不知足，内心永远都是空的，总觉得填不满，那么再好的日子，你也不会有幸福感。

对我来讲，我对现在的生活状态还是很满意的，虽然现在有了老公和公婆，他们可能不太习惯我的工作形式这么刺激，就是你今天讲一句话，明天就可能变成众矢之的，他们会为此感到困扰，不知道怎么逃出来才能够平息，但是对我来讲，我是抱着很有趣的心去看的，我觉得人生在获得的时候，总是会伴随着一些些的失意，但是那些事情不会影响到整体的幸福，所以我还是要每天怀抱感恩的心去生活，希望秉持一种善念。

有时候感恩不一定要多注重形式，也不需要你做出多么惊天动地的事情。可能只是一些微小的事情，比如说可以节约用水，不用的时候赶紧把水龙头关掉，一滴都不能浪费；卫生纸要用到很透彻才行，所以我的口袋里常常鼓鼓的都是用过的卫生纸，因为我觉得它还能再擦一点东西，我不会让它浪费……就是这些小的事情，我们每个人都力所能及，当我们做的时候，就会感染身边的人，身边的人再感染身边的人，传递出去的就是一个很大的力量。所以善行并非需要多么隆重，只要传递出去的是善的力量，就是一份圆满，一种功德。

不合理面前，要敢于站出来保护自己

一个人能否获得幸福，除了工作与感情上的拥有之外，还在于他敢不敢做自己，敢不敢在遇到不合理的事情时发出自己的声音。

我是一个很敢做自己的人。在娱乐圈十几年，遇到的人形形色色，也经历了很多的磨合，但我从不曾丢失自己。刚出道的时候，我才16岁。那时候很小，很多事情都跟大人们想得不一样。他们就会说，你现在这样想，等你长大以后就不会这样想了。我特别记住那些话，想要印证看看，等我长大了，是否真的会发生改变。但是十几年过去了，我的想法一直都没有改变，始终保持着原来的心。

主持节目的时候，我和小S经常会问一些让来宾难堪的话题，“毒舌”主持的称号不胫而走。但其实一方面我们要制造话题，让节目有更多的爆点，另一方面是因为我是一个很会较劲的人，遇到不合理的事情，一定要说出来。这种特质是在我很小的时候就养成的，一直到现在都没有改变。

我上高中的时候，有一天，体育老师突然对我们提出了一个很不合理的要求，让我们在一节课之内绕着操场跑20圈。我是那种遇到什么不公平的事情就没办法Hold住，一定会跳出来追求正义的人。所以当老师提出要跑20圈的时候，我就说，好，我今天就跟你杠上了，然后就开始跑，完全没有停。跑完之后我就过去跟他讲，我跑完了，你看会怎么样？然后就直接吐在他面前。这就是我的个性，我会用自己去证明什么是正义。因为他出的题目不合理，可是他是老师，我又不能跟他说，你自己跑跑看。那是不礼貌的事情，所以我就跑给他看，跑完20圈会怎样，让他看到他出的这个题目有多么不合理。

像这样的事情有很多。譬如说我和小S、阿雅等众姐妹在同一桌吃饭，旁边的年轻人知道我和我妹在，就会故意说，她们俩三八，还以为自己多红呢，最讨厌她们两个。我就会跟他们说，不好意思，我没聋，我听得到你们讲话，可是你们这样做很没有礼貌。有时候是比较小的孩子，我觉得如果自己过于严厉会吓到他们，就拜托阿雅过去跟他们沟通一下。但阿雅比较会息事宁人，每次她都会反过来安慰我说没事，没事，不用跟他们计较，所以大部分时候还是我亲自出马。

我其实并不想刻意去找谁的麻烦，只不过遇到不合理的事情敢于说“不”，这是我一贯坚持的人生理念。因为只有你自己敢于发出自己的声音，才能坚守气节，保持尊严和本色不变。在生活中，很多人会认为，随波逐流是一件很容易的事情，坚持原则则需要花费很多的代价，所以他们不敢发出自己的声音，不敢不给别人面子，不敢“不识抬举”，也不敢冒着被驱逐出某一个圈子的危险。可是一味的接受未必就是好的，接受得不合理、不痛快，反而是一种缺乏理智的接纳，很多痛苦皆源于此。我不希望自己不开心，也不愿意让自己硬着头皮去迁就，所以我一定要说。

有一次我要赶通告去台中，当时大家都在排队搭捷运。到我的顺

爱情面前，学会『放手』不如学会『下手』

序时，因为我第一次搭捷运，不知道进站的卡是要插正面还是反面，就插错了。也许是觉得我有些耽误时间，后面的一位先生就直接把我推开，把他的卡插进入口处。我很恼火，上前握住他的手，并且把他的卡拔出来说，请排队，然后又把自己的卡插进去。回头一看，对方竟然是自己的同行林冲大哥。当时我们俩都觉得有些尴尬，我赶紧把头发披下来，假装自己是路人。

当一个人肯仗义执言的时候，肯定会给自己惹上麻烦的，有时候可能会得罪同行，也有可能遭受更多恶意的批评，严重的可能会阻碍事业的发展。但是我的个性就是这样的，我不希望自己默默无闻地向不合理妥协，所以即使是你发现我是大S，我说出这句话的时候可能会有更多不好的后果，但是你也不可以在上厕所的时候插我的队，我看不惯的时候也一定会发出正义之声。

有时候我们走在路上，有一些人会过来想要拍照，其他的艺人也许会觉得她的妆还OK，状态不错，会乐意去拍照。但是我不一样，就算是没有化妆，人家说可不可以跟你拍照，我也会答应他们，因为我看到他们很高兴，这就够了，这是我的职业。但是有一些人不是这样的，他们会抱着一种很贪婪的心态，要么就用见不得人的手段去偷拍，要么就不经过艺人的允许拍个没完没了，那样我就会非常恼火。因为他本身不懂得尊重别人，所以他也就不需要被尊重。

幸福微语录

@ 很高很高的温度，才能让玉米开成花朵。很多很多的练习，才能让爱情炼成幸福。

@ 念书的时候，一点小毛病就想请假，现在病了怕耽误工作，人一旦有了责任感，就不再任性。主持节目的时候，不爱吃便当，现在便当里有豆腐就觉得满足，人一旦有历练，就懂得感激。以前一离开家就害怕，现在无论身处何地都能随遇而安，人一旦勇敢，就真正自由。

@ 我没在高调，只是坦然；我没在低调，只是在过日子。甜言蜜语我听，因为好听；疯言疯语我也听，因为有趣。我珍惜好的，也珍惜不好的。因为此时此刻、此情此景，过了就没了。

@ 如果你只在乎他爱不爱别人，而不在乎他爱不爱你，那你要的不是爱，而是占有。

@ 我会沮丧，但不会放弃；我会力不从心，但不会一蹶不振。遇到挫折，我永远只说：休想把我打倒！

范玮琪

灵魂伴侣是磨出来的

她出生在美国，但她唱着动听的国语鼓励、温暖着我们青春躁动的心；她喜爱音乐，呈现给人的永远是阳光的笑容。她珍惜爱情，十年长跑终修成正果。她坚持做公益，所得善款全部捐出。她是一个不争不抢、不浮不躁的女子，也是一个阳光明媚、让人心疼的女子，她是范玮琪。

灵魂上的伴侣是时间累积出来的，不是你第一眼觉得他很帅，跟他看对眼了就觉得他可以成为你的灵魂伴侣，而是要在日常生活习惯的磨合，包括性格上的不断沟通，他才会成为你的灵魂伴侣。

——范玮琪

长久的爱情，需要两颗坚定的心

2000年是陈建州和我爱情开始的一年。他在无意中看到我，就托了朋友来要我的电话号码。当时我刚刚出道，还是新人，在娱乐圈没有什么朋友，有人管我要电话号码，我就赶紧给他。当时我并没有想太多，小S经常说我是一个不分泌女性荷尔蒙的人，大咧咧的，没有女人味。在陈建州之前，我只交了一个男朋友，所以男生管我要电话号码，我觉得不过是做一个普通朋友。

后来陈建州冒冒失失地给我打来电话。他追女孩子，胆子虽然大，却没有什么技巧。第一次约我出去，竟然让我去看他刺青，我当然会拒绝。好在他够执著，在我去美国过年的时候，连续给我留了四十多条电话留言，将自己的情况做了一番详细的介绍。我回到台湾以后，耐心地听完了所有的留言，对他的印象开始改观。可是我觉得不可以被人追一下就答应，所以一直坚持着不肯点头。

那段时间陈建州吃了不少的苦头，甚至经常半夜打电话骚扰阿雅，跟她说：“我真的很喜欢范范。”当一个人全心全意对另一个人的时候，没有得到呼应，就很想要找人倾诉一下，另外他可能也很希望阿雅帮忙，毕竟追女孩子，有一些女生朋友帮忙会比较容易。我承认在我与陈建州感情的路上，姐妹们参与得比较多，她们的意见确实会影响到我。

其实陈建州跟我以前认识的人一点都不一样，以前我从来没有认识过这么搞笑的人。我慢慢发现，他其实非常孝顺，他的心很亮，有好多爱想给别人，想去关怀比较弱势或者需要帮助的朋友。所以我慢慢觉得，这个人就好像是我的黑天使，是我可以把自己交付给他然后下半生一起走的一个人。

刚在一起的时候，我们约法三章：不管多忙，每天都要通电话；吵架的话，当天必须和好，不能把问题留到第二天；不轻易说分手。不知不觉中，这几样约定竟然陪着我们走过了十年。在这十年当中，我们的感情从激情走向平实，相处的模式也从最初的浪漫变得越来越平凡，但是两颗心反而走得更近。当然，我们也经历了一些风风雨雨，有一些时候觉得自己快要走不下去了。可能是在一起第七年的时候吧，这种感觉比较明显。那时候经常有记者问我，你们什么时候结婚，黑人什么时候会向你求婚。这些事情我真的不知道，他不肯求婚，我也不好开口问。我们身边的朋友因为这件事情，都开始愤愤不平。小S和她老公都曾直接打电话训斥陈建州，说你是不是真的爱范范，为什么都不跟她求婚？可是他就是没反应。我也觉得，干吗要死赖着一个不肯娶我的人，所以心里有一些动摇。

虽然有一些迷茫，不知道我在这个人心里到底是一个什么位置，但其实也舍不得分手，毕竟在一起这么多年，没有什么大的矛盾，似乎每天都为鸡毛蒜皮的小事情，好像也不值得去分手。于是我每天都给自己找一些理由和借口，慢慢地就从这个关口走过来了。

所以我觉得，在感情世界里，坚持是很重要的，那些失败的感情，至少一方是轻易放弃的。可是感情很容易充满波折，最初的激情也许很美，但随着时间的关系，会越来越平淡。当爱情渐渐转为亲情，我们对对方的要求会越来越苛刻，更容易起一些摩擦。所以真正长久的爱情，需要的是两颗非常坚定的心。很庆幸，我和陈建州都是这样的人，为了感情坚持到底。所以我们没有被七年之痒打倒，在经历了无数的风波之后，走到了一起。

真爱重在经营和培养

刚开始交往的时候，陈建州经常送我回家，可是每一次都只到巷子口，所以他不知道我们家的门牌号。可是有一天，我一开门就发现了他摆在那里的鲜花。原来，他为了能让我收到花，在每一家门口都摆了一支。这是他做过的最浪漫的事情。我的浪漫都用在了唱歌上，创作的时候才会有比较多的想法，生活中我觉得就是细水长流，在平淡之中求幸福。在谈感情时，我比较理性，陈建州比较感性。

他比较会调和，是我们感情的调和剂，我觉得自己太理性了，这样子不是很好，可是我又觉得家里肯定有一个人扮演黑脸的角色，我想我是那个黑脸的角色吧。所以《黑白配》本来说的是他是黑人，我是白人，但实际上说的是，我是黑脸他是白脸。

我很少对他做浪漫的事情，即使做了，他经常后知后觉。比如说我的《黑白配》，那首歌很明显是写给他的，可是我第一次在他面前弹唱的时候，他竟然完全不知道那首歌是写给他的。我就唱：“谁说不能黑白配，世界上没有什么事儿，能够如此的绝对。曾经有人这样唱过，白天它不懂夜的黑，你却懂得我的美。”可是他当时在看

LIST
Mal

NBA，完全没有听我在唱什么。我问他好不好听，他一直敷衍我说，不错，现在的比分是热火对哪个队。直到发片之后，不知道过去几个月了，有一天他突然跑过来问我，请问《黑白配》那首歌是写给我的吗？我就说，当然不是，你想太多了。本来是一件很浪漫的事情，到最后弄得很糟糕。

两个人在一起，最初的激情过后，生活会变得越来越平实。他对我做过的一些浪漫的事情，我觉得是深入到生活当中去的，可能就是生活当中最平凡的小事。比如说我去外地商演，回到台北的时候，经常叫他来接机。有时候他没有在对的时间出现，害我在街边等他，我就会摆出一张扑克脸。其实我也不是故意的，但是就觉得好像不骂他几句心里就不痛快。他可能是害怕我骂他，所以每次来接机的时候蛮紧张的。有一次他怕错过接我的时间，竟然把我们家里的电话放在了车上，因为他出门的时候太赶，我觉得很好笑，很浪漫。

两个人因为在一起久了，很多生活中的小事就变成了感情的调味剂。我觉得并非是那种轰轰烈烈的感情才是真的爱情，很多小事的积累，往往会更幸福。就好像我的那首歌《最重要的决定》里唱的那样，幸福是慢慢经营的，一点一点积累起来的。因为我们也已经准备跨入婚姻了，结婚之后的这个阶段，我希望自己可以常常记得对方的小事情，让我感动的地方，因为我记性不好，以前十年在一起的好的时光好像都快要忘光了，所以希望从现在开始，把每一件好的事情都记在心上。

其实浪不浪漫对我来说不重要，现实的生活是，不需要对方去刻意制造一些环节，去营造一种气氛，给你一种惊喜。相反的，能够与相爱的人在一起，看着他的模样慢慢地老去，相扶相守，我觉得才是最让人感动的事情，也是最浪漫的事儿。

为小事吵架的情侣关系更牢靠

我和陈建州两个人像是一对欢喜冤家，我们的生活听起来像是一出喜剧，可是很多时候我都笑不出来。比如说他拿蟑螂吓我的时候，还有装鬼吓我的时候，那时候就是换他狂笑。

我经常被他整，有时候我就想整回来。可是要整到黑人，一定要计划得很周详才行，要跟其他人配合，不然我一个人一定会吃亏。我记得有一次我用狗屎吓他。我们家养的狗的排泄物很大，平时我也没什么机会清理。那一天黑人给了我一张很大的纸，让我把那些排泄物都包起来。我就包了一包，放到他面前说，你跟我说对不起。我以为拿这个就是拥枪自重，可以威胁到他，可是他猛地拍了一下我的手，笑着说："哎哟，打手犯规。"那个粪便就散开到了空中，沾到了我的毛衣上，气得我大哭，他就在那边很得意地笑。

我很得意地整他，是在我们婚礼的时候。当时黑人去了我们首次约会的地方拍摄婚礼用的短片，我偷偷联合了Circus组合对黑人的车进行了一番改造，在他的车上贴满了粉红豹的贴纸，车头位置上更醒目地放着我们俩的婚纱照。黑人看到车的时候，吓了一跳。我觉得特别开心，因为那一次整得实在是太成功了。其实我觉得两个人在一起生活，这样子会增添很多乐趣，因为我们每天都是过日子嘛，与其平淡无奇地过，不如帮彼此制造一些笑料，也是很开心的。

我们俩你整我我整你的，乐趣不断，可是有时候也会有一些小的摩擦。我是那种很不会撒娇的女生，拉不下那个脸来，所以即使是吵架的时候想要跟对方和好，也只能一直忍，直到他先跟我道歉，我才愿意。所以每一次我们有一些小口角之类的，都是黑人先道歉，而我始终坚持着千错万错都是他先错的道理。但这样特别容易吃苦头，因为有时候要等很久，就很尴尬，僵在那里。而且一定要在开始的时候就告诉他说，以后吵架都是你先道歉，不然他的抵触心会特别重，也会觉得你是在无理取闹。

我记得我们吵的最严重的一次是因为打电动。本来我有一台电动，是要插记忆卡的那种。好像是力宏送了他一台，他就在那边玩，我就看他，他就打开说他的那个记忆卡是4G的。我就拿我的，说我的有16G。虽然我不打电动，但是就想拿出来气气他。他居然真的就生气了，拿着我的记忆卡丢在了地上说，有什么了不起的。我就抓狂，说陈建州你给我捡起来，跟我说对不起。他不要，可是我也拉不下脸来，又不能自己去把它捡回来，捡回来我就输了，就这样被他气哭。然后我就冲着他喊：“你给我滚，立刻离开我家！”可是他不离开，还一屁股坐在了沙发上面。我就气得跑去厕所，然后把门关起来，想要跟他冷战。因为当时我真的被气疯了，觉得这个人太不绅士，没有礼貌到极点，完全不是一个好的男朋友的作为。

我在厕所里待了很久，左等右等都等不到他的人。然后我就开始想，难道真要因为游戏机的记忆卡分手吗？就因为这样的小事情闹感

情危机吗？然后开始自己吓自己。大概过了三个小时，他才来道歉，在那之前，我只能把自己一直关在厕所里动弹不得。所以要让对方道歉的那个人，其实也要付出，一方面要够冷静，一方面要能够Hold得够久。像我一样，为了等他过来道歉，在厕所里待三个小时，也不是一件容易的事情。

我觉得这一招很多女生都学不来，为了记忆卡或者挤牙膏这样的小事吵得不可开交的人大有人在。男女朋友如果为了大事吵架的，就不适合在一起，一定是为了那种最芝麻绿豆的无聊小事争吵，才有争吵的理由和价值。

「对他好」不如「为他好」

我们在一起十年，之后走进了婚姻。我觉得婚姻是爱情的另外一个开始，不管是在私底下，还是在节目上，大家经常看到我念黑人，可是心里面知道，我是超级爱他的。如果他做一些很热血的事情，要去关心和帮助别人的事，我希望陪着他一起做。

他是一个很有想法的人，只要认准的事情，就会非常执著地去做。有一次他跟我说，要拿出500万去拍一部纪录片。我当时是非常反对这件事情的，因为纪录片的收益很不好，做那些事情会非常累，很不容易，所以说，这500万你还不如买辆车。可是他就是铁了心要去做，我看他的眼睛里都是充满热血的，做事的激情也都溢出来，就想去帮他。所以在他做的时候，我默默地为他做了很多事，会帮他找练舞团啊，做一些音乐上的处理啊，等等。后来那部片子出来的时候，我整个人哭到不行，一是因为太感人了，二是很感谢自己，在他想做的时候，没有阻止他到底，反而选择了支持他。

我觉得陈建州是一个想法很正的人，心里会有很多积极的想法，想要帮助更多的人。在公益事业方面，我一向都跟他站在一起，全心

全意去帮助他，因为我知道他有很多的爱要分给大家，这些事情也确实是很有意义的，不管阻力多大，我都会力挺他到底。可是如果他很白痴地在整人，我就会跟着网友一起骂他。因为女生对待男朋友或者老公的方式有两种，一种是不管他做什么事情都“对他好”，做什么事情都顺着他；另一种是“为他好”，在他做了不应该做或者不适合他做的时候，给予提醒和阻拦。我会选择后者。

像前段时间他主持了一个节目，是直播的形式。第一集播出的时候，我就觉得这个节目的属性不适合他。因为那个节目会开放很多观众打电话进去，爆一些其他艺人的料。这样子的节目其实是没有办法控制的，观众打电话进来会讲什么，你根本就没法预料。观众可能是谩骂的，也可能是没有任何根据的，随便爆一个料。陈建州又是一个不太会掩饰自己情绪的人，如果听到有人讲我们朋友的新闻，他可能会立刻变脸，说你没有证据，怎么可以这样讲，就跟观众吵起来了。这样很不好，所以我觉得这个节目不适合他，也许有更成熟的或者是比较没有表情的主持人来做会更好。我就传简讯给他说，现在你不要再讲话了，不要再跟观众吵架。节目虽然是他在主持，但是我在电视机前也跟着他紧张了。

他回来之后我就跟他讨论，希望他能够请辞。我对那个制作单位感到很抱歉，可是我觉得这是我保护他的最好方式，就是让他不要再上第二次。后来我也打电话进去，跟制作单位道歉。我说如果他再继续做下去，两边都会受到伤害，对黑人不好，对节目也不好。因为黑人他很爱交朋友，他有那么多的朋友，我们的朋友很多都会牵扯到新闻里面去，我们保证不了他们不被议论，可是如果你也不避嫌地去讨论，这肯定会是一个问题。结果下一个礼拜他就没有在节目里出现。

在工作上他还蛮征求我的意见的，我也希望尽心尽力去帮他。我觉得女生经常会把自己定义为“贤内助”，可是“贤内助”并不在于“贤”，而在于“助”，很多时候“对他好”还不如“为他好”，每个人都会有迷失方向的时候，都容易在岔路口找不到适合自己的路，在他迷茫的时候帮他掌舵，在他走错的时候能给予正确的劝阻，我觉得这才是一个好女人该做的事情。

“舍弃”会成为婚姻危机的伏笔

经常有记者问我，结婚之后会不会为了家庭放弃歌唱事业。我觉得不会，因为唱歌是我的职业，是我最喜欢的工作，我不会为了家庭而放弃做自己喜欢的事情。

我不是情感专家，但是我觉得婚姻当中一定不要为了对方而舍弃自己最闪光的东西，这样就觉得对方欠了你很大的债，心里面怀着怨气，迟早有一天会爆发出来，一定会引发婚姻危机。我希望我和黑人在一起，彼此都有自己的空间，都能做自己喜欢的事情。

像我喜欢唱歌，会希望他能够欣赏我这一点，并且给我鼓励和支持。因为这份工作对我来说非常重要，我从歌迷身上获取了很多的力量。我记得有一次，有一个歌迷得了癌症，在病床上一直在听我的歌。她写信给我说，你的歌声，给了我很大的鼓励。我看了之后特别地感动，很庆幸自己选择了歌手这个行业。

小时候我的理想是当幼稚园老师——我妈妈是幼稚园老师，我觉得当老师真是酷毙了，可以管一大群人。可是阴差阳错的，我却当上了歌手。

前几年的时候，我唱歌的心态是希望可以站在很高的舞台上，唱给全世界的人听，证明自己很强，很会唱歌。可是大概第三年到第四年的时候，因为经常会接到粉丝的来信，说会因为我的一首歌而被鼓励被感动，丰富了他们的生命或者说安慰到了他的心，我就觉得这才是我存在的价值。所以从那个时候我就在想，如果我的歌，哪怕只能安慰一个人，感动他，丰富他，我也觉得很值得。这就是我当歌手的动力，不是站在很高很远的地方唱歌给别人听，而是贴在听众的耳朵旁边，唱进他们的心里。

当我有这样的梦想时，我希望另一半能够跟我分享，能够在我遇到困难与无奈的时候帮助我，给予我更多的力量。因为夫妻之间是相互的，当一个人扛不下去的时候，另一个人帮忙撑一撑，两股力量混在一起，才更有希望突破一切困难。

两个人在一起，不应该是想办法让对方为自己舍弃什么，而应该支持他、鼓励他发挥出自己的闪光点。在这一点上，我觉得我和黑人都做到了。他一直非常支持我，同时他是一个很博爱的人，永远都好像有很多爱分给大家，帮助那些需要帮助的人，他在公益事业上的努力也是我非常欣赏的，我会为之感动，会全心全意地支持他。

所以真正健康的情感互动，我觉得应该是拥有彼此，并且不失去自己，都能够看到对方在追求理想当中的热情，在他坚持不下去的时候伸出援手，同时又给自己留有一定的空间，做自己喜欢做的事情。

用肯定的语言达成自己的目的

一般说，如果两个公众人物在一起，可能会有更多的舆论，或者受到的关注会多一些。但是我和陈建州之间比较少有这样的感觉。因为我们的工作是雷同的，所以在一起，力量反而变得更大。

可能因为我很幸运，开始交往时就没有特别地隐瞒过，所以大家都是蛮祝福的，没有那么多压力。我们的压力可能都集中在刚开始的时候，那时候我刚出道，是娱乐圈里面的新人，每次出来给大家的感觉就是很自然、很安静的，公司可能希望往“玉女”的形象上包装。黑人会有一点点的压力，因为他想得比较多，怕因为自己的关系影响到我的工作。其实我倒觉得没什么，对我来讲就是很正常地交朋友，有什么关系？为什么不能让大家知道？我觉得那时候不管是唱片公司，还是我本身，并没有想要去给他压力，反而是他自己想太多，给自己压力。

有的时候他在网络上看到一些不是很好的话，就会很难过。比如说有人说他是癞蛤蟆，他就会很生气。可是我觉得，他确实很黑，当癞蛤蟆有什么关系？即使是癞蛤蟆，也是我最爱、我认为最帅的那一只癞蛤蟆。在他心里面，可能会有一些挣扎，但是我觉得，感情的事

就是我生活的一部分，没有什么是不能跟别人分享的，因而会开他玩笑说，没关系啦，牛粪至少是有机的。这是我的一种解压方式，因为我觉得很多事情严肃地讲出来，反而会让那些事情扩大，还不如我们就把它当成是一句笑谈，笑笑之后一切都过去了。

两个人在一起，我们总想要对方变成一个我们更喜欢的人，有时候在一起太久了，对他生活上的打理就会逐渐变成一种唠叨。比如，陈建州很喜欢走嘻哈篮球路线，他的穿衣风格都非常嘻哈。可是他都接近三十岁了，我就觉得，应该穿得更稳重一些，更时尚一些。但是你不能这样跟他讲“拜托，你不要再穿这个垮裤跟大T恤好不好”或“你以为你几岁了”之类的。我会换一种方式，比如说他某一天参加了颁奖典礼，或者去做主持，突然穿得比较潮一点。我就会在他旁边说，我觉得你今天穿这样很好看，好像英国的绅士，这件毛衣的质感很好，配上这个七分的牛仔裤效果非常好，以后可以常常这样穿。

听到这些话，他可能在未来的一个月都穿着那一套衣服。他会因为你的赞美，很快地去改变他的穿衣风格。可是如果批评的话，他就不接受，反而刻意跟你做对。一般人都是这样，在受到批评的时候，第一个反应是反击，会自我保护。所以你希望他怎么做的时候，一定要抓住诀窍，要用鼓励的方式，用鼓励跟赞美，不要太嫌弃。

其实男人都是非常需要鼓励的，因为男人的心里面都是住了一个男孩，他们就是一个大孩子。当你鼓励他们的时候，他们就觉得，我要这样子好好去做，尤其是他身边那个他最爱的女人对他说这些话。可是，如果你一直在嫌弃他，批评他，那他比较孩子气的一面就会出来，会故意和你做对。然后很多事情明明你是好意，却永远都达不到你想要的效果。

@ 我们都是凡人，既然飞不起来，那就不如找一个舒服的姿态躺着生活。

@ 上帝就是要我这样，好像有很多好运，又想要警惕我小心一点，会有一些 Up & Down，让你有“这就是人生”的感觉。

@ 恋爱会让我有创造力，当然也无须特意制造惊喜、追求浪漫新鲜的，因为每天生活都有很多事发生，每个日常中间自然会有它的幽默感，就看你有没有细心去体会。

@ 可能我的音乐步骤没有那么快，但是每一张都代表很诚实地展现我那个时期在音乐上的想法，也都是很贴近我的，很范范式的音乐。所以，每一张我都觉得很对得起自己。

孙燕姿

爱情最美好的部分在于依靠

她被视为华语歌坛继王菲、张惠妹之后难得的天后接班人。她获奖无数，与同期出道的蔡依林、萧亚轩、梁静茹合称为亚洲四小天后，全亚洲累积唱片销量逾2000万张。她的《天黑黑》《遇见》引发无数人共鸣。2011年5月8日，她与相恋五年多的男友喜结连理。她是孙燕姿。

爱情里最好也是最棒的部分，就是有一个依靠，有一个伴儿。但具体到怎样去经营，有时候还是要花点心思去逗他开心。

——孙燕姿

结婚意味着开始，之后的每一天都是一个浪漫

我和纳迪姆的婚礼是在Capella Hotel举行的，那是我认为最漂亮的酒店。因为工作的关系，我住过很多酒店，但奇怪的是，我觉得最漂亮的竟然是家乡的。

之所以定在那里，是因为发生了一件很有意思的插曲。Capella Hotel离市区较远，我和纳迪姆开车到那里的时候已近暮色。当时我看到了一对对野生的鹦鹉，在树上跳来跳去的，直觉告诉我这是一个好兆头，所以我们就把婚礼的现场定在了那里。

听到我结婚的消息，很多朋友都替我高兴，但其实是有点道贺无门的感觉，因为事情发生得太突然了。可是我们的婚礼准备的时间还蛮长的，大概在2010年的时候就想办了，可是那时候有点来不及，我刚好在准备新的专辑，纳迪姆也在忙自己的事情。后来我们就商量，可不可以不要那么赶，反正也不去别的地方，就在自己的家乡，不如慢慢地安排。

在筹备婚礼的过程中我才知道，一切都非常得不容易，每一个细节都需要很用心地留意。就好像设计衣服一样，婚礼也有不同的颜

色，比如有些人喜欢白色的婚礼，婚礼现场目光所及都要是雪白色。我不希望自己的婚礼那么冷清，相反的，我更希望表现出更多的热情，所以我选择了红色。然后是设计卡片、准备婚礼时播放的歌曲等等，很多的细节。

女生都希望自己的婚礼是一个完美show，但是男生其实还蛮会偷懒的。在我忙得天翻地覆的时候，纳迪姆倒是落得清闲自在。因为他美术不好，设计感也不强，只能负责一些核对宾客名单等简单的事情。但令我感动的是，他对我来说一直是一种很安全的存在，我忽略掉的细节，他都会留意，我做不好的事情，他也都给予补充。

婚礼的当天非常夸张，很多记者为了我们的婚礼特意跑到新加坡，并且爬到了宴会的屋顶上，但因为保全设施比较好，他们只拍到了一些酒店屋顶的画面。在结婚之前，其实我们考虑到这些。我的心里非常矛盾，因为我知道自己是公众人物，结婚又是一件很大的事情，受到关注是在所难免的。可是我又不希望把婚礼当成一个通告来做。不想鬼鬼祟祟，又不想做得张扬，内心就很挣扎。

结婚之前，我拜托工作人员和媒体沟通，看能不能他们不来新加坡，我们会在婚礼进行的时候发一些照片给大家。但还是有记者不远万里跑来，想为我的婚礼做“直播”。我和纳迪姆也考虑到了这样的状况，所以特意请了保安来维持秩序，也准备了一个房间给记者休息。但那天客人们都非常热情，也都拍一些照片放在网上，我也没有刻意去阻拦，觉得顺其自然就好。这也是我做事的风格，不会故意铺张，就是按照自己想要的方式，自然而然变成一种低调。

在很多人的印象中，提及婚礼，最幸福的时刻就是爸爸把自己的手放入新郎的手中，或是彼此宣誓的时候。我是一个另类，我觉得最

幸福的一刻就是到饭店把高跟鞋脱下来的时候。所以我的故事听起来一点都不浪漫，可是我觉得很正常，因为婚礼当中事情实在太多了，有时候我们因为过于忙碌，反而没有从这一天得到特别的享受。但其实这些都不重要，重要的是从这一天开始，你觉得那个人成为了你的partner。婚礼之后，你要怎么去过下半辈子，这才是最浪漫的。因为结婚这一天意味着一个开始，之后的每一天都将会是一个浪漫。

婚姻就是『你为我，我为你』的过程

婚讯曝光以后，很多人都对纳迪姆感到好奇：孙燕姿究竟嫁给了一个什么样的男人，他们之间又有着怎样的一段浪漫故事？其实，我和纳迪姆从认识到结婚，并没有大家想象得那么浪漫，只不过是一种很简单的缘分。

我们是在一次朋友的聚会上认识的。那是一个很简单也很随性的聚会，到场的人有一些是我的朋友和同事，有一些是他们认识我但我之前并没有见过的人，纳迪姆就是其中之一。第一次见面没有什么特别的感觉，也没有擦出火花来。我是属于慢热型的人，在认识人上还蛮小心的，这跟我是公众人物有很大的关系。很多人跟我讲话，是因为他们对我很好奇，也是出于礼貌。人与人之间，如果没有正面而又直接的接触，你会觉得很难面对。而纳迪姆又是一个圈外的人，所以在与他相处的时候，我特别地谨慎，觉得还是要接触一段时间看看，但是他真的很特别。

他是一个非常乐观的人，通过他讲话就可以感受到这个人是很阳光的。我很喜欢这一类型的人，因为他们会让你看到很多很积极、正

面的东西。他也很自信，很聪明，每天都会逗我笑，带给我很多的快乐。刚认识的时候，除了觉得他比较帅气以外，还有一点非常吸引我的是他的声音。因为做歌手的缘故，我对别人的声音格外敏感，觉得他讲话的节奏很好，很动听，让人很愿意跟他聊天。可是要听他唱歌的话，就是另外一种心情。他讲话跟唱歌是一个天上一个地下，在我们的婚礼上，他特意献唱一曲《stand by me》，本来是一个很贴心的举动，可是因为走音走得太厉害，把我和现场的宾客都乐坏了，真的非常具有娱乐性。

在和他谈恋爱的时候，有一段时间我的工作重心一直在香港，他也在香港工作，所以我们经常见面。有一次，我们一群人在香港玩，吃东西的时候遇到了狗仔队。他们发现是我，就对着我们猛拍照，围着我问各种各样的问题。对艺人来说，这种情况是家常便饭，再平常不过。为了避免麻烦，很多人都会说走啦走啦，再换别的地方等等，可是纳迪姆表现得很不同。他觉得我和朋友们在一起吃饭是很私人的事情，不应该被那么多记者“围攻”，应该勇敢地捍卫自己的隐私权。所以他一改平日的温和，与狗仔们理论了起来，并且发生了冲突。我知道当时他只是出于一种本能的反应，很单纯地想要保护我，并不是为了出风头、惹麻烦，所以这件事情特别为他加分。

可能是因为我过于小心的缘故，我觉得恋爱和结婚一样，都需要很慎重的选择，所以他追了我九个月，我才答应要跟他在一起。现在想来，他也算是很有毅力和恒心的。现在的很多男生，追求女孩子的时候，也许只有九天，觉得女孩子对他没意思，就Bye。他用九个月的时间打动了我，他对我一见钟情的。一般人看到的都是荧幕上的孙燕姿，他一定是在第一眼的时候，看到了某一个部分，是别人没有看到的我。所以我特别好奇，到底是自己做了什么吸引了他的注意。可是每次问他，他都不会告诉我真正的答案。当我问他，你最爱我哪一点时，他总会回答说什么都爱。其实交往之后，你会发现自己最丑的一面一定是给最亲的人看到。如果这样子他都觉得还是很爱你，那这个人就一定是对的人。

现在我们已经有了一个两人世界的家了，从心态上来讲，我觉得婚前和婚后肯定是有差别的。结婚之前，如果两个人闹矛盾，可能很容易就会想到分手，没有婚姻关系的束缚，会觉得还有其他的选择。可是结婚以后明白，就是这个人了，不会改变了。所以会更努力去经营彼此之间的感情，也会为了照顾好自己的家庭而努力。

我觉得婚姻就是我为你，你为我的过程，从两个人结婚的那一天开始，就是一个承诺，不是今天说离婚就可以离婚的。你会觉得你每天跟这个人在一起，都会希望他好好的，他生病你会担心，他迟到你也会替他操心。为了不让对方分心，你也要学会照顾好自己，让自己的心情变好。所以，婚姻其实是两个人都拿出自己的真诚，拿出自己甘愿为对方奉献的部分，调和在一起，形成的一种幸福。

家庭是幸福的归属地，并且保质期是永远

在接受采访的时候，经常会有人问我：“你觉得幸福是什么？”

结婚之前，我觉得幸福有很多种，比如，你觉得口渴，能喝到一杯冰水，那就是幸福。

结婚以后，我觉得幸福就是一种付出——找到一个你很愿意付出的人，而不是你可以在他身上得到什么的人。你只想跟他好好的，细水长流地相处下去，很多事情你都想为他做，而这些事情又是在自己能力范围之内的。比如我可以开车送他去上班，就是一种小幸福。

我对幸福的定义，很多是受到我爸妈的影响。

我出生在一个很普通的五口之家，除了爸妈，家里还有姐姐和妹妹。爸妈都是老师，他们虽然严厉，但崇尚简单的生活。我经常在微博上提到他们，说我妈妈又种菜了；我们家的菜园又长出木瓜了；我们家人在院子里面数青蛙，今天数到了十几只等等。受家庭的影响，我希望自己以后能够生四个孩子，像我与姐姐妹妹一样相亲相爱。因为我们姐妹从小就住在一个房间里，感情特别好。

家里人都对现在的生活很满意，也觉得很开心。以前我们只是普

通的小康之家，现在生活条件越来越好，拥有的东西越来越多，也许很多人都会变得很挑剔，不知道满足，可是我们都会提醒彼此，最初对生活的要求就很简单，现在已经拥有自己想要的东西了。以前其实就已经有了，现在只不过是更多而已。

为了照顾我们姐妹，我爸妈有一段时间过得很辛苦。他们觉得，小孩子一定要把书念好，可是孩子总是要抗争，不愿意被父母安排好自己的生活。我是一个比较有想法的人，有一段时间很叛逆，很想离开家，过更自由的生活，不希望被爸妈管束太多，所以我是一个让父母操心的小孩。那段时间自己的心情一直很闷，总想要在父母面前争取些什么，希望得到更多的空间。本以为父母会反对的，但他们没有。他们虽然严厉，但思想还蛮开通的，对我的工作也很支持。

父母都希望自己的孩子能一切顺利，我却经常让他们为我担心。从事演艺事业，很难避免一些低潮。每每遭遇压力的时候，我能隐隐地感觉到他们的不安，但我没有办法跟父母分享心事，因为有的时候内心的东西很难讲出来，怕他们担心，也怕他们不了解，但是有他们在，我会觉得心安。

家人是我力量的源泉，而我知道，这种力量的供给是永恒的，不会因外力而改变。

结了婚以后，纳迪姆成了我的另外一种力量。

在生活当中，有些人经历过很多事情以后，会刻意帮自己的人生做加法，他们的生活因此会变得越来越复杂。而我一直在给自己的人生做减法，试图让生活变得越来越简单。因为我觉得拥有的东西越多，这些东西越会占据你，变成你的东西在拥有你，我不想做这样的人。我现在的生活已经拥有很多东西了，就想把它简化，去除一些不重要的东西。纳迪姆给了我很大的力量。因为要去做减法，其实是需要很大勇气的。他是一个非常简单的人，经常会提醒我，不要把生活复杂化，要看清什么才是最重要的。

最近一段时间，他的体重有所增加。我提醒他说："你最近有些胖哦。"他就会告诉我，胖不是重点，生活中还有更重要的事情需要我去注意。在我们的接触当中，我经常会因为一些事情的影响，变得注重生活中无关紧要的细节，他都会提醒我，不要在不重要的事情上浪费太多的时间和精力。

由于工作的关系，我经常飞来飞去，到不同的地方演出。有时候跟纳迪姆见面的时间比较少，他就会抱怨："我好像都是一个人。"这个时候，我就会尽量地调整，希望能够做出最好的安排。我不得不承认，做艺人，很多时候都是身不由己的。我喜欢音乐，会一直坚持做我自己的事情，但是不管我多忙，在我心里头，老公和家人一直都站在一个非常重要的位置。我会因他们而幸福，也希望我带给他们更多的幸福。

美满的婚姻不拒绝理想

以歌曲来说，从《天黑黑》到《是时候》，我的音乐旅程就如同是一个故事。

《天黑黑》的时候，我就是一个年轻的女孩，有了第一份工作。因为专辑的成功，突然之间很受欢迎，可是那时候，我没有太多地享受这个过程，只是在不停地忙碌，根本没有时间去细细地品味。后来，我觉得自己乏了，心里很累，就跟所有人宣布说，我要停下来，调整自己。

四年之后，当我重新出发的时候，这个女孩已经不再是当初的那个女孩，她实现了自己的蜕变，也长大了。但其实我觉得生活还是要在自己的掌控之中，不管我几岁，我都希望自己能够始终保持女孩的心态。这也是纳迪姆希望我做的，因为在他的心里面也住了一个小男孩。即便越来越丰富的经历会将我们改变，岁月也会逐渐地催人老去，但我们都希望留住自己最美好、最本真的部分。

在事业上，我不曾贪心，在感情上，我也不贪求能够从对方的身上获得什么，但是纳迪姆却总希望竭尽所能地给予。就拿求婚这件事

AIG

情来说，我其实早已经认定了他是我的另一半，所以即便是他在吃便当的时候跟我求婚，我也会很开心地接受。可是他就是要很慎重地设计一下，因为紧张，他甚至喝了一点小酒，说要壮胆，然后就想尽办法带我到海边，给我一个很浪漫的求婚仪式。

我很感谢上苍，能够让我遇到一个让我很舒服的、很懂得照顾我和保护我的男人。如果现在有人问我，你觉得自己幸福吗？我想我一定会给出很肯定的答案，但是我不会因此而停止努力。因为幸福是要自己争取的，不是今天很幸福，明天就会继续幸福下去。在爱里头有很深的智慧，能够给予，然后也要用心地经营，不要说今天幸福明天就不幸福了，而是要每一天都为了爱而好好地努力，但是在这个过程中一定不要丢失自己。

我知道很多女孩子，在结婚以后会把生活的重心偏向于家庭，逐渐放掉自己的事业，但其实美满的婚姻并不要女生牺牲掉自己的理想，如果说你有能力把握好生活与工作的平衡，而出去工作又能让你感觉很快乐，那么完全可以去做一些自己喜欢的事情。结婚以后，我的心变得更加安定，从女孩变成了女人，我不甘于待在家里，做一个全职太太，更倾向于建立自己的事业。我觉得自己除了照顾家庭，还有很多事情需要我完成。这其中除了音乐，还有从事服装设计。

在设计上，我投入了很多，为了寻找灵感，还特意跑去了The Carnaby，那是伦敦非常具有代表性的一条街，被誉为时装的开始、起源之地，我在那里学到了很多东西。平时也会上网，看别人的设计，也会一直买，收集了很多不同的衣服。做衣服的时候，我对每一个细节都很严格。我觉得做一件事情一定要认真，而且要全力以赴。所以从选择布料到剪裁和缝纫，我都亲力亲为。比如，你的设计需要用什么样的线，不同的线之间会有很大的差别；要用到一块黑布，可能要准备二十块这种颜色的布料，然后要一个一个地摸、摺、看，进行比较，最终选出一个最适合的。整体的形象感，我也会给出很多的意见。我拍过很多的写真，也做过很多次造型，没有人比我更知道一件衣服应该怎么样去呈现。

做事情的时候，我的要求会很高。可能有时候我这个人比较不好搞，但其实内在是很柔软的。一方面我要顾及自己是纳迪姆的太太，要照顾家庭，但同时我也是孙燕姿，是一个独立的个体。我希望每个人在追求幸福的时候，都能过得很好，可以不断地为了更幸福而努力，但在这个过程中，一定不要丢失自己，忘掉自己是谁。

人生，需要一些留白

曾经有一位前辈跟我说，人生需要一些留白，因为它会让你看起来更丰富，懂得布局的人，永远都不会把自己的人生填得太满。以前我一直都不能领会其中的含义，特别是刚出道的前三年，我一直在拼命地发片，每一天都特别地忙碌。

从进入娱乐圈的第一天开始，“孙燕姿”这三个字就早已不是一个简单的名字，而是娱乐圈里的一个畅销产品，唱片公司的“摇钱树”，大众眼中的完美天后。工作人员用制造“偶像”的方式，设计我的风格，决定我专辑里面的曲目，甚至我穿什么衣服，做什么发型，都要经过他们的研讨。在接受采访的时候，要从哪一个角度开始，我应该选择哪一种笑容，都是被设定的。那段时间，尽管我的歌很受欢迎，演唱的事业也逐渐进入轨迹，但是我越来越怀疑我自己：我到底是谁，在忙忙碌碌当中是不是把自己弄丢了？

那时候我想起了那位前辈的话，一直在反思自己是不是把自己的人生填得太满了，所以我一直想停下来，给自己一些喘息的机会。可是，在演艺圈里，想要停下来是一件很不容易的事情。艺人想要做简

单的自己，就如同是一种罪过，常常会遭受非常多的阻力和鄙夷。很多人觉得我懒惰，开始不务正业，也有人觉得我在工作上的成绩应该更好，在歌坛的地位还需巩固。娱乐圈毕竟是现实的，曝光度减少，没有新的作品，粉丝会流失，人们会很容易把我淡忘。他们的顾虑自然也有些道理，或多或少也促成了我更多的思考：我做这个决定是不是正确的，应不应该把步伐翻过来，然后重新走出一个自己的节奏?

思想拉扯了一段时间以后，我发现原来苦恼都是自己加给自己的，痛苦不过是因为自己在跟自己打仗。想要的东西不敢去争取，想放手的东西不敢去舍弃，自己竟在不知不觉中丧失了对生活的勇气。那时候我突然明白，其实选择的权利一直都是在自己手里的，只要自己坚定，就没有人会让你不开心。

《逆光》之后，我第一次从娱乐圈消失，但那时候停下来，喊得比做得还多。因为之前已经接了一些工作，还要履行答应过别人的事情。而我第二次决定离开的时候，跟娱乐圈阔别了四年。在这四年当中，我做服装的设计，创立自己的品牌，也做了一些音乐方面的积累。一方面我享受着生活，谈着美妙的恋爱，做自己喜欢的事情。另一方面也要承受生活的压力——每每去父母的家里，我都无法带上缝纫机和设计图纸，两手空空的我，在他们眼中俨然成了一个整天都无所事事、需要让人操心的小孩。他们经常会催促我抓紧跟唱片公司签约、发片。家人的关心，是一种幸福的压力，而我也在这样的生活境遇里不断地寻找着灵感，为重启自己的音乐之路而准备。

《是时候》，让我再次起航。成绩如何，已经变得不再重要，因为我已经学会了享受过程的甜美。在音乐的路上，我走走停停，但我从来不会为自己的决定而后悔。我觉得歌手是要掏出来东西给人家看的，你要知道自己是什么样的人，才可以去做你喜欢的东西。但如果一直做下去，你想做什么，喜欢什么，连自己都会觉得模糊。有时候我们拥有的东西越多，被更多的东西占据，反而不容易看清自己原来的样子，适时地简化，化繁为简，也许更容易读懂自己。

@ 我想拥有一间属于自己的小屋，如果能够在海边就更好了，与爱人和小狗一起休闲地生活，虽然好肤浅，但就是喜欢这样简单的生活。

@ 做艺人会错过一些东西：感情，还有和家人、朋友相处的时间。不过，不做艺人不一定就不错过。

@ 其实每个歌手在某一个事业点上，都会突然冒出很多负面消息，你不在乎就不会受影响。主要还是看你以什么样的心态去面对。娱乐圈就是这样，你可以让它很精彩，也可以让它平平淡淡地过去。

@ 好多人说我唱很多励志的歌曲，我真的相信，世界是美丽的。其实我也有沮丧、低落的时候，我知道逃避并不能解决，那倒不如选择面对，不是更好吗？人总会有迷失的时候，想一想自己要走的路，就会看见一片属于自己的天空。

@ 爱情，也可以是亲情。当我们为了爱一个人而付出，做出很多事情，就是一种美。

梁咏琪

男女关系并非强弱关系

她是著名国语、粤语流行曲唱作歌手及演员。她因清新的形象，动人的歌喉和抒情的曲风，被称为一代玉女掌门。她的《短发》《胆小鬼》《中意他》《泪光》等一发行就成为大街小巷的流行歌曲。她至今已发行了13张国语专辑，18张粤语专辑，和4张现场收音专辑。她获奖无数。她拍摄过40部电影及短片，共获得6次电影奖项提名。她不像一些女星那样拼命嫁入豪门。2011年她找到了自己的Mr.Right，成为了最幸福的新娘。她是梁咏琪。

结婚就是两情相悦的事情，跟他是做什么的没有关系，跟他有没有钱也没有关系。

——梁咏琪

做不了情绪的主人，享受不到生活的美好

认识十几年的朋友，见到我的时候还经常说，Gigi，我觉得你没有变，你的脸上还有一种单纯的光彩。我觉得这跟我的性格有很大的关系。我是那种思想很跳跃的人，在做这件事情的时候可能卡住了，没有关系，我又跳到另一件事情上去。所以有时候在工作上或者生活中遇到一些不愉快的事，到达瓶颈的时候，我不会让自己永远陷在那个状况。我很容易就把自己抽离，然后跳到另外一个状态里。心情不好的时候谁都会有，可是我会很快让它过去。因为我很讨厌心情不好时候的自己，所以就尽量把昨天忘记，或者是上一分钟做过的事情，下一分钟就忘掉。

以前的时候，我不觉得可以很快抽离自己。比如有时候唱完一首歌，觉得自己唱得不是很好，整个晚上都会想，如果那个音我做一下处理，也许会更好。可是，那件事情已经过去了，没有办法弥补，想太多也是浪费时间。或者说，哪一天拍完了一场戏，我就陷在里面，想来想去的，半天也不睡觉，就觉得其实刚刚我应该这样演，或者再多加一些情绪，也许会更好。可是已经没有办法了，补救不回来。慢

慢地，我发觉这样是在浪费时间，浪费光阴，因为事情已经发生了，片子已经拍完了，马上就要上映了，再怎么想都于事无补，还不如干脆把它忘了。

做艺人其实很辛苦，外表很光鲜，但是要面临的压力也是其他工作体会不到的，尤其是在香港，会更加艰难。因为狗仔队特别多，走出去转个弯就碰到他们，转个弯又碰到，艺人几乎没有自己的空间。这就需要我们调整心态，只要你知道，自己在做的事情都是很正常，很光明正大的，就算被拍、被写，那也无所谓，不影响心情。你不要把那些没有把你摆在第一位的人，看得那么重要。也许现在我讲这些的时候，表现得很淡定也很坚定，可是这个过程当中，并不是那么轻松，需要的是经验的积累，你要不断地反思自己，才能得到更多的顿悟。

我记得很久以前，在访问的时候遇到了阿雅，我跟她说，在香港当艺人，已经让我练就了一身的好本事，其中包括怎么拍照——只要有镜头在，我连眨眼都变得特别快，因为如果稍微眨眼睛慢些，可能隔天报纸出来的就是你翻白眼；或者你的手指碰一下鼻子，就会被抓住碰鼻孔的那一瞬间，隔天出来的照片也很不好看。所以自己要很小心，常常保持仪态，仪容要很好。但是现在，经历了很多事情以后，看问题的角度会发生变化。我觉得那些报道太无聊了，根本不值得常常去保持那个警觉。比如，我现在在做一个访问，如果我还一直很小心地注意自己的角度美不美，拍出来的照片会不会很漂亮，那我就根本没有办法专心去回答别人的问题。权衡下来，我觉得一个翻白眼的照片没有关系，访问做不好才是更大的遗憾。所以长大了以后，我会去衡量，哪一个价值更重要。所以，艺人的工作其实也是我的

一个福气，通过这个工作，我反而更能够确定什么事情对生命来说是最重要的。

在生活当中，我们遇到的离奇事情太多了，不能控制的事情也很多，慢慢就明白，我们最能够控制的就是我们的心态。心态改变了，或者你想东西更有智慧的时候，你会发现这个世界从此以后就变了。比如说我在大街上吃饭，知道狗仔队在跟着我，我的第一反应是他在这样的大半夜，看着我吃得很开心，他很痛苦。他在楼下等的时候，吹着很冷的风，我想其实他也不想跟着，只是因为工作的关系，他没办法。我通常会为他们着想，然后很快地把饭吃完，结束自己在做的事情，就回家了。他们看我回家了，也就收工了。等他们走了以后，如果我想要去哪里，就再出门去。可是我一定要让他们可以交差，能够提前收工回家。这其实也是他们所期望的，只是他们缺少一个理由，所以我会帮他们。

相对于之前面对生活的紧张，现在的我在处理事情的时候可能会更圆融。我觉得当一个人心态改变的时候，就不会再让自己的思想打架，或者说执著于一些事情，那样会很难过也很迷茫，现在状态会比较放松，不容易去钻那个牛角尖。

活着，就是要懂得感受和生活

生命当中最重要的两个人，对我的人生观和价值观影响很深。

第一个人是我的妈妈。她是我的知心朋友，在很多事情上都会开导我。她经常跟我说：如果跟工作上的伙伴不合，慢慢疏远就好，不要去追究别人做错了什么。做人需要大气一点，给人家一个机会，一条出路，不要把人逼到墙角，到了最后，那个人可能会感谢你。你也不应该生气，因为生气的人内心会混乱，心乱的时候，就容易做错事情。凡事看开一点，保持乐观开朗的心态，坏的事情就会渐渐远离你。有一个说法是吸引力法则，你想好的东西，好的东西就会环绕你；想不好的事情，就总会被悲伤和不幸包围。所以快乐其实一直都掌握在自己的手里，关键是你要用哪一种心态去面对。

我是一个很清楚自己要什么的人，平时很少去参加工作之外的应酬，总是会找出更多的时间跟家人相处。当然，少一些露面的机会，少一些曝光度，在某种程度上名气会下降。但是我觉得要看你怎么想，花无百日红，谁都不能保证自己的事业会永远处于巅峰状态。名气下降、过气，是每一个艺人都难避免的结局。既然结果终将如此，

又何必太在意呢？一直以来，我不会把工作看成是我的全部，因为我还有家人和朋友，还有自己的生活。其实人生之中有很多东西是需要平衡的，享受家庭生活的同时，肯定会对工作有所影响。可是如果你觉得没有关系，并且乐在其中，那就好好把握自己的生活好了，何必去在意别人怎么想，对你说什么？

另一个人是我的先生。他经常对我说：活着，就要懂得感受和生活。你要生活，要感受，这才是生命应该有的东西。我蛮喜欢他在这方面的态度，而且现在的我也足够成熟，懂得什么叫享受生命。其实生命是属于你自己的，生活就是你过的每一天，但是工作或者其他琐碎的事情总会让你放不下，之后回头看，你会发现自己在工作上花费了太多的时间，为了事业去熬夜，熬到健康也不好，跟家人的关系也不好，最后你会发现你所付出的一切，都只是为了一家公司，而你自己的生活一塌糊涂，就很不值得。

我们还是需要找好一个平衡，把生活和工作兼顾好。在这一点上，西班牙人有很多值得学习的地方。西班牙人的特质是比较注意生活，注意跟家人之间的互动。由于气候的关系和日照时间长的特点，西班牙人比大部分欧洲人爱晚起和熬夜。一般上班族是在上午9：00或9：30至13：30，下午16：30或17：00至20：00或20：30去工作。午餐是他们的正餐，因为午休时间长，从下午两点到五点有三个小时，老婆可以从单位回家，然后慢慢地煮一顿饭，孩子也是一样，在学校中间休息的时间较长，所以中午的时候全家人都会回来吃饭。我觉得西班牙人跟家人的关系很密切的一个原因，就是中午那顿饭，这可以全家人坐在一起吃。吃过饭之后，大家可以聊聊天，或者睡个午觉，之后再去上学或者上班。

暑假，就是大概七八月份的时候，他们开始放假，跟着家人去旅行和度假，好好地享受跟家人在一起的时光，完全不会被工作牵绊，也没有任何事情能阻止他们放假。假如你跟他们说，不好意思，礼拜六有一个很重要的会议，你可不可以回公司开一次会？他们就会说，什么？礼拜六还工作，神经病啊，就会完全不理，该回家回家，该享受生活享受生活。他们不会为了工作去牺牲跟家人一起生活的时间。他们也不认为钱有多么重要，只要够花就可以了，重要的是尽情享受生活当中的每一天。

这种生活方式也深深影响了我。以前，我对工作的态度比较执著，很多人都认为我是一个好胜的人，对很多事情都有自己的坚持，尤其在事业方面。可是现在我比较会放下，知道去平衡生活和工作。

我觉得我们虽然不能因为去享受生活而变得慵懒，不能完全地舍弃工作，但是我们可以尝试着挤出一些时间来，去做自己喜欢的事情，注意跟家人的互动，在工作之余给生活留白。这样在我们老了的时候，才不会后悔，因为生活当中不仅仅有工作和奋斗，还有一些与家人相处的幸福时光，有很多可以享受的，很美好的片段值得我们去回忆。

爱，就要爱得起

西班牙有一个传统，求婚会求两次。第一次是肯定两个人之间的关系，第二次才是真的准备结婚。第二次求婚的时候，Sergio①把他的心里话写在了一个铺满花瓣的地板上。虽然当时我没有立刻答应，但是在经过深思熟虑之后，还是将“Yes，I Do”的话语写在了窗户上。

在感情上，我走过一些弯路，也经历过一些失败。因为从小在单亲家庭里成长，我对婚姻没有什么看法，没有觉得自己一定要结婚。因为一个人也可以生活得很开心、很快乐，而且谈一辈子恋爱也不错，很自由，也很甜蜜，你完全没有一个承诺，没有家庭的负担。但是当我遇到对的人的时候，我的心态有了一百八十度的转变，结婚完全不会让我感觉到负担，而是一种幸福。

我和Sergio相识六个月就结婚了，突如其来的幸福让我觉得好像是一场梦。但即便是在梦里，我依然非常清醒。我曾在感情里受过

① 梁咏琪的老公。

伤，也曾目睹过很多脆弱的婚姻，但还是义无反顾，就好像我在那首《礼物》的歌词里写过的那样，王子和公主难免会经历痛苦，但是勇敢爱下去就是一个礼物。缘分就是这样，找到对方之前，难免会经历一些挫折和迷惘，甚至会感觉孤单。即使找到了对方，也可能会因为瞻前顾后而有一些迟疑，很多人不敢去爱，那其实是自己在为难自己。

遇到了对的人，就应该去珍惜和感恩，勇敢地面对幸福，一路向前冲。所以刚开始的时候，我跟我妈说，我要跟Sergio结婚了，她觉得太快。我就跟她说，假如我现在二十岁，我跟一个刚认识半年的人说要结婚，那可能自己都没有办法说服，因为我不够成熟。但是现在我已经长大了，知道什么人合适什么人不合适，在这个时间遇到一个对的人，我会很确定也很坚定。

我们的婚礼非常有趣，每一个女生都会想要一个属于自己的完美婚礼，可是我从来都没有想过我的婚礼在沙滩上面举办。从来没有计划过的，反而变成最梦幻的。我们选择在西班牙，西班牙最吸引人的地方就是阳光、海滩，我们就朝这个目标找地方，结果就找到了一个叫Ibiza的小岛 。

Ibiza岛有一个别名叫做白色的小岛，上面的人都穿白色的衣服，不是因为穿黑色或者其他颜色的衣服被禁入，而是整个岛的色彩，整体的气氛都非常浪漫，蓝色的大海，白色的沙滩，会给人一种特别纯洁无瑕的感觉。很多人都会选择穿白色的衣服，建造白色的房子，一方面是不希望破坏掉岛上的氛围，另一方面也想让自己成为纯洁里的一部分，完成自己的初心。当然，在我的婚礼上，所有的宾客也都是穿白色的。这是很少发生的事情。在美国，结婚的时候宾客是不能穿白色的，因为会跟新人撞衫。可是在我们的婚礼上，所有的人都穿白

色的，又是在一个白色的沙滩上面，每个人都很清新，很纯洁，然后我先生就对我说：因为我们的爱很纯洁，所以我们要在很纯洁的小岛上面办婚礼。那一刻我真的觉得非常幸福，因为他很用心，你会觉得，这个男人会成为你的一种依靠，会带给你无尽的安全感和无穷的力量。不管以后的生活中会遇到什么，从那一刻开始，你的心不再孤单。

我觉得女生可以不在乎对方的外在条件，不去计较他到底有多少钱，但是你一定要让对方给你一个难忘的婚礼。这个婚礼不需要很奢华，但是一定要能够充满回忆。等到以后你们发生矛盾的时候，争吵的时候，能够回忆当初的一些画面来感动自己；或者在心疲惫的时候，想要放弃这段感情时，可以有一个说服自己的理由，因为当初你们是真心相爱的，你们有过一个很完美的婚礼，里面充满了幸福的回忆。

在我的婚礼上，Sergio做了很多让我感动的事情。他写了一封长长的信，说我是他遇到过的最棒的人，还附上了平时经常对我说的一句话，I want take care of you，就是很想照顾我。可能是我的个性太懵懂，太乌龙了，所以激起了他的保护欲和责任感。另外一件很让我感动的事情是，他是整个婚礼第一个哭的人，而且是从头哭到尾。在我走下婚车之前，所有的宾客都坐在沙滩上，那里有一个帐篷，他站在那边等我。我要走下车，经过一个地毯，之后到他的面前。音乐正好在这个时候响起，在场的每一个人都被这种温馨的气氛打动，特别是我的亲友们，目睹了我的整个感情历程，或多或少都有一些感动。可是，最为感性的女性亲眷都还没有哭的时候，Sergio竟然忍不住落泪。我觉得，这个人怎么那么可爱，同时自己也很能体会那种感觉。因为整个婚礼我们筹备了两个月，从我们认识开始，就有一种默契和感觉，都期待着这一天的发生。它终于发生了，有一种梦想成真的感觉，特别让人感动。

在那一刻，我一直庆幸自己没有错过这份缘分。当爱情来临的时候，我勇敢地接住了它，没有一丝一毫的迟疑，也正是因为这份坚定，我收获到了婚姻的幸福。在感情的路上，也许每个人都会经历挫折和失败，但是不因为曾经的过往而丧失了追求爱情的勇气，这才是“爱得起”的态度。

自信的女人会把金钱看得淡一些

有些媒体的宣传，会让大家误以为嫁入豪门是所有女星的心愿。我会为那些嫁入豪门的同行们感到高兴，但是我自己从来没有想过要嫁入豪门，因为太在乎对方有没有钱，反而会给感情带来很大的压力。而如果我们是真心相爱的，那么即使对方没有钱，我们也能过得很开心。所以我选择另一半的时候，不太计较对方是什么身份，有没有钱，而是看他适不适合我，是不是真心对我好。

我有一个女性朋友，也是娱乐圈的人，最近一直在考虑结婚的问题，却迟迟不肯行动。我问她：你在迟疑什么？她说因为没有钱办婚礼。我就觉得很奇怪，结婚不就是两情相悦的事情吗，跟有没有钱办婚礼有什么关系？难道没有钱办婚礼就不能结婚吗？

现在很多媒体已经形成了一种误导，觉得女生一定要等到一个风光的婚礼才能够嫁人，一定要让所有的人都看到，我是多么幸福地嫁出去的。可是婚姻其实是很简单的，简单到只要两个人开心就好，彼此相爱的两个人能够在一起，比什么都重要。

当然，你也可以要一个很华丽的婚礼，让全世界的人都知道你嫁

春

得很好，前提是你的另一半要有这个能力，他在给你提供这样一个奢华的婚礼时，不会感觉到压力。但是如果他没有这个能力，没有这样的经济条件，难道我们就要放弃爱了吗？当然不能。我觉得两个人在一起，最重要的还是精神上的享受，他能全心全意地对你，与你有一个精神层次的沟通，而你跟他在一起时，能够无所顾忌，做百分百快乐的自己，就已足够。

与那些亿万富翁相比，Sergio不是一个有钱的人，可是我跟他在一起真的很开心。圈外的人对艺人的行业很陌生，也会有很多的不理解，有时候知道艺人的身份，可能连朋友都没得做。为了不让Sergio想太多，刚开始的时候我骗他说我是一个模特儿。因为我个子很高，说模特儿也很有说服力嘛，他就信以为真，也没有说什么。可是我们走在路上的时候，很多中国的游客都认得我，找我拍照，然后他就开玩笑说，哦，原来你是一个Super model（超模），态度也非常地坦然。

可是，随着在一起时间的增多，我对自己的身份越来越忐忑，一直很想找个合适的机会告诉他，却始终没有办法说清楚。我很怕因为我的身份，让他有压力。可是我越是顾虑，好像越容易发生一些事情。

有一次我们在巴塞罗那，Sergio要带我去一个餐厅。我很怕被认出来，就告诉他说最好不是中国的餐厅，他拍着胸脯向我保证："没有问题，我们要去一个日本料理店。"他以为日本料理店里工作的人都是日本人，结果我进去之后发现全都是中国人。见到我之后，大家就开始围过来说，你是梁咏琪吗？可不可以给我们签个名之类的。我上厕所的空隙，那家餐厅的经理趁机走过去，跟我老公说，她是一个明星，我们所有的人都很喜欢她，可以让我们所有的人跟她拍照吗？他也没有什么特别的反应，就说好啊，你们就拍吧。但是这次之后，他大概知道了我是一个有知名度的人。

我一直比较担心，艺人的身份会给他压力，但事实上似乎对他没有什么影响。因为他根本就不在乎这一切，他喜欢的就是你这个人，你的个性，你的本人，你的生活。艺人的身份不过是你工作的一部分而已，他不会因为这些而给自己特别大的压力，觉得可能会影响我们的感情。相反，当我工作很累很紧张的时候，他反而能够帮我疏解情绪。我们结束蜜月旅行之后回香港，出闸口的时候大概有一百家媒体在外面。我在行业之内，知道会有一个很大阵仗的样子，觉得有些紧张，可是他在行业之外，反而会觉得，不过就是很多人的样子，无所谓。

他有时去我公司，准备一些发表会什么的，我的同事很紧张。他反过来安慰我的同事说，不要紧张，从容地走出去就好。我们就听他的话，自然地带着笑容，我发现当一个人笑的时候，整个人都比较放松，所以我会因为他的存在而变得很轻松。事情做完之后，他也很开心，因为他从来都是抱着开心就好的态度，从来没有觉得这是一个很大的事，需要用很紧张很谨慎的态度去面对。奇怪的是，当他用一种很轻松的态度面对一切的时候，事情往往会进展得很顺利。

跟他在一起，我觉得我自己变了很多，比以前更乐观开朗了，也能够笑对生活当中的一切。就好像我在微博当中讲的那样，在他的身上充满了正面的能量，然后会把这个正面的能量传给我，让我在正面能量加爱的能量的氛围里，变得更加勇敢和坚强。这种心态是很难能可贵的，也是非常值得珍惜的。我不能否认，在这个世界上有一些女生，需要找一个有钱的老公，找到一种物质的依靠才会觉得有安全感，可是我非常感谢上苍把Sergio带到了我生命中来，因为在我看来，精神上的快乐远比物质上的富有更让人幸福。

让自己乐观开朗，才会遇到相同的人

真爱是炽烈的，但是在爱情里面不可以绷得太紧。回想我与Sergio的缘分，如果自己的心态没有放松，没有好好去享受生活，做一个健康、乐观的人，那我就不可能遇到一个生活也很健康，性格也很乐观，心态也很好的先生。

我是在自己最好的状态下遇到的Sergio。当时我和朋友一起去西班牙度假，他是我朋友的朋友，介绍了之后，他就一直拉着我聊天，聊了差不多有两个小时。朋友觉得不妥，想要拯救我，偷偷问我："要不要我假装把你拉走？"我说不用，其实还OK。

在演艺圈，我算得上是高个子的女生了，Sergio很高大，在他面前我一下子就变成了一个小女人的模样，那种感觉我还蛮享受的。他的英语很好，一直跟我说，如果你想出去玩，我可以带你去。我也没有想太多，因为西班牙人本来就很热情，每个人都可以说，我可以带你出去玩。所以这句话是他们表现热情的一种方式，我也并没有当真。可是Sergio是认真的，他真的当我的导游，带我到不同的地方感受当地的风景，让我放松心情，也趁机跟我表白了。

换了别人也许会觉得，这是不是进展太快了。可是我们两个人都很有默契，会觉得眼前的这个人已经认识了很久很久，虽然只是第二次出来，见面聊天吃饭，但就是有聊不完的话题。你会觉得对方是很懂你的人，因为有好感，所以不管做什么事情都很开心。那时候已经有爱情的火苗出现，可我只是去西班牙玩，马上会回到香港，距离也许会把我们拉得很远。所以，在面对这份感情时，一方面我有些迟疑，毕竟异地恋比较难经营；而另一方面，我又有些许的期许，因为能够遇到一个自己真心喜欢的人真的不容易。

在这种思想上的拉扯中，我回到了香港。距离拉开了，与Sergio的联系却没有断。我们通过视讯，了解着对方的点点滴滴，开心与不开心的事情，都会在第一时间与对方分享。突然间觉得，这个人怎么就变成我的好朋友了。可是我一定要让对方跟我有一种好朋友的感觉，最好的伴侣一定是你最好的朋友，这样你才愿意所有事情都跟他分享，所有事情都可以坦白跟他说。

对于刚刚陷于爱河的人来说，分开的每一天都是一种煎熬。三个星期以后，Sergio受不住相思之苦，来香港找我。他知道我对距离有很大的顾虑，所以跟我说，为了我，他可以跟公司申请调职，陪我待在香港。就在那一瞬间，我觉得好像只要两个人在一起，是什么地方已经无关紧要了。我很快把他介绍给了我所有的朋友和家人，他很快就融入了我的生活，我的好朋友们也都非常喜欢他。我觉得真的是太奇妙了，好像就注定了是那个人，跟他在一起的这条路上没有任何的障碍，前面就看到一条直路，门也是打开的，我们就冲吧。

@ 天下最愚蠢的就是想讨好全世界。

@ 全世界嫌弃你都不要紧，重点是自己不可以嫌弃自己。

@ 什么事沾上功利心就很没意思了！

@ 我相信每个人的一生中，都要克服一些欲望，当你克服后，才能拥有真正的自由。

@ 能够真正认识自己并不是一件容易的事，我觉得一个人最大的敌人和朋友都是自己。

张惠妹

爱得自由比爱得深刻更重要

她是华语歌坛天后，是台湾首位接受美国CNN专访及登上《时代》杂志亚洲版封面的歌手。她的专辑在全亚洲累积销量达到5000万张，是亚洲华语流行女歌手销售纪录和演唱会人数纪录保持者。她的《姐妹》、《BAD BOY 》、《牵手》、《我可以抱你吗？爱人》、《真实》、《勇敢》、《我要快乐》、《STAR》、《阿密特》、《你在看我吗》等依然是许多80后的最爱。她是张惠妹。

爱的真谛不是占有和被占有，即使很爱他，也别忘了给他自由。

——张惠妹

什么都有，只缺寻常

每年的年末是歌手们最忙的时候，稍微红一点的歌手，已经可以在12月31日连续赶很多个场次，我在那一天可能会更忙，因为演出的场次好像永远都接不完。可是，不管我怎么忙，1月1日的时候我都必须回老家台东，参加那里的丰年祭。

我是台湾高山族之一的卑南族人，一年一度的丰年祭对我来说非常重要，因为它是台湾原住居民最隆重、规模最大的传统祭奠，和汉族的春节地位相当。我在外面忙了一整年，那一天回到部落，我会首先去祭拜我爸爸，因为从小到大，我跟爸爸的感情一直都很好，什么心事都会跟爸爸分享。《五灯奖》①的时候，是爸爸鼓励我去参赛，可是等我拿了奖杯回来的时候，爸爸已经不在了。

① 《五灯奖》是台湾一项大型竞赛综艺节目，和《超级女声》不同的是，除了唱歌，该节目还有舞蹈、器乐等。节目1965年开播，最早名叫《田边俱乐部》，是由日本田边制药独家赞助的节目，后因“田边”的商标有“五个灯”，改为《五灯奖》。张惠妹、黄立行等都是从这个节目出走来的。

没能让爸爸再听到我唱歌，看到我站在舞台上的模样，是我这一生最大的遗憾。尽管爸爸已经走了，可是我觉得他始终都在我的旁边，守护着我，给我力量。所以每次的丰年祭，我都会在爸爸的坟墓前跟他说：我回来了，之前的一年，我知道你一直在照顾我，希望以后的一年，你也会一样，要一直在我身边，当我充满疑问的时候，面临困惑的时候，你能够稍微帮我顶一下，给我更多的勇气。跟爸爸的对话，其实也在提醒自己，这一年已经过去了，不管经历过什么，以后还有困难等着我去面对，但是我不会忘记曾经跟爸爸的许诺，会一直把歌唱好，做一个勇敢的人。

部落里会有一种魔力，让我感觉到新生。在台北，唱片热卖，“天后”的名声叫得越来越响，每天过的都是众星捧月的生活，好像自己什么都有了，但唯独缺了寻常，缺了能够让自己的内心从浮躁当中走出来，逐渐恢复平静的时间和空间。

台北离台东很远，每次我都要开车上山。可是刚刚参加完跨年演出，身体和心理上的能量好像已经全部耗尽，会有一种特别迷失自己的感觉。可是当我在回台东的路上，越是接近家里，就越觉得开心，好像又回到最初很平常、很原始的地方。我会告诉自己，我就是从这里出来的，尽管在外面奔波了一年，处在娱乐圈，面临很多的压力，可是回到部落以后，我遗失的东西都回来了。初心还在，那个真实的自我还在，所以在1月2日开始工作的时候，我觉得好像又有一个全新的阿Mei出去。

人在高位的时候，以为自己拥有的很多，就什么事情都能看透，但其实拥有的时候也是一种迷失，得到很多东西的时候，也会有很多东西在失去，重点是我们还能不能把最初的自己给找回来。当一个人肯放下眼前的浮华，归于普通生活当中去时，往往才能将自己的内心从浮躁当中抽离，从而认识真正的自己。这么多年过去了，我从来都不会忘记自己的出发点，因为初心还在，想去的终点也一直很明晰。

由于我身份的关系，1月1日那天不仅仅是我跟好朋友们在一起参加丰年祭，还会有很多的媒体跟着去拍。透过新闻，有越来越多的人了解我们的丰年祭。我觉得这其实蛮好的，因为可以让更多的人了解台湾高山族。以前的时候，外地的朋友来我们的祭奠或者丰收节，都只是在外面看，不参与，更像是观光客的感觉。可是近几年，不同的民族或者不同国家的人来，我会直接邀请他们加入到我们，跟我们一起玩。因为一方面大家都是朋友，更多的人在一起玩会比较开心，而另一方面我也希望我心中的净土，能让更多的人忘记烦恼，等第二天出发的时候，大家都能带着一个全新的自己出去。

遗憾总是和年轻有关

细究起来，我应该算是“选秀”出身。1992年，我20岁的时候，参加了台视《五灯奖》歌唱比赛，一路过关斩将，可是到了最后一关的时候，却因为紧张得忘词，没有拿到奖。第二年，《五灯奖》的比赛还在办，生病的父亲看了之后对我说：“我觉得他们都没有我女儿唱得好，如果能在电视上看到我女儿唱，那就太好了。”为了完成父亲的梦想，隔年我又一次报名参加比赛，途中父亲病逝。一度我很想放弃比赛，可是母亲对我说：“你以为你爸爸走了就没有在看着你吗？其实他还在看着你啊，如果你能替他完成心愿，他会很高兴的。”为了父亲，我再一次重整旗鼓，继续参加比赛，并且获得了奖杯。那一次比赛，奠定了我进入歌坛之路。

在外人看来，艺人总是很风光地站在舞台上，最耀眼的那个人永远是你。刚开始的时候我也觉得做这一行很容易，你给我一个麦克风，随便叫我站在哪个舞台上，我就可以尽情地唱歌。可是真正做起来的时候才发现，我们所要面对的事情远远超过了自己能够接受的范围。刚出道的时候，除了兴奋，更多的是紧张和不知所措。

1996年，我发行了第一张个人专辑《姐妹》。那时候我满脑子都是我必须要去熟悉这个工作，必须要去面对不同的事情，因为那个时候已经不仅仅是唱歌而已，还要面对很多的媒体采访。

我是一个很怕面对媒体访问的人，我记得在第一次被访问的时候，是在拍《姐妹》的MV。现场有很多的媒体，都是来访问我这个新人的。我出去以后，就看到所有的麦克风都放到我的嘴边，说你可不可以介绍一下你的新专辑？记者刚讲完，我就“哇”地一声哭了出来，我吓傻了。因为我第一次看到这么多麦克风在我面前，有这么多人，离我这么近，拿着拍摄的机器对着我的脸，还一直在打照明灯。我就觉得有一阵晃，不知道怎么办。我说不出来，怎么办？我要说什么？那种感觉就是，我不想玩了，我想要回家，可是现实已经不允许你那么任性，所有的事情都要面对下来，所以自己是一直硬着头皮在撑。

《姐妹》的专辑大卖，使我从一个很普通的山里女孩，一下子就被媒体摆到了天后的位置上。很多变化都是突然之间的，好像前一天自己还可以随便地出门，第二天你就发现，一旦出门就不可以像以前那样随意了。

有一次我去超市买东西，怕被认出来，就戴了帽子、墨镜和口罩，头发也都藏进了帽子里，还特别穿了运动衣，跟平时上台的时候完全不同。到了超市，买完东西结账的时候，我问售货员是多少钱，话还没说完，就听见后面已经议论开了，“是不是阿Mei”“她的声音跟阿Mei好像哦”……他们就开始围着我看，我忍不住想，完蛋了，怎么会这样？这时候有一个人走过来跟我说：“你是阿Mei？”还没等我点头，她又说：“你干吗穿成这样？”仔细一想，也对，哪一个正常人出去买东西会包裹得那么严实？我还自以为很聪明，却没想到会这么丢脸。之后就不会这么做了，还原成了真实的自己，即使被认出来了也觉得无所谓。

受关注多的时候，批评的声音就开始出现，很多人会讲“你应该从歌坛消失”的话，我觉得压力特别大。尤其是面对太多的舆论时，会对人生产生困惑，因为媒体总是会故意曲解我的本意，比如说很多时候我并不是这样想，可是大家的讨论就会把它变成一个歪曲的走向。

遭到别人的误解，第一反应是解释，或者是跟人争辩。所以每次出现歪曲报道的时候，我都会不停地解释，反复地说。可是发现，你说得越多，相关的报道也就越多，没有人会愿意去还原一个真相，反而越传越离谱，到最后就逐渐演变成了一个很大的、很负面的话题。所以后来我慢慢发现，当有一些不好的声音出来时，我只要安静就好。因为很多烦恼都是自己给自己的，很多事情的发生，选择淡然要比选择争辩的效果好得多。尽管选择安静会造成很多人对你的误解，会把你想象成另外一种人，可是时间会慢慢地淡化，大家也都会逐渐地看出事情的真伪。而且，就算是别人对我产生了误解，有什么关系呢？重要的是我在做我自己，做我喜欢的事情，这就足够了。

从刚出道到现在，十几年过去了。抛下天后的光环，我其实和普通人一样，经历过很多的懵懂、不安、迷茫和困惑，也因为缺少经验而留下了很多的遗憾，但那些不过是因为太年轻。年轻就注定了要有不足，唯有这样，我们才能学会成长。

拼输赢没有意义，好玩才是真道理

做事情太看重输赢，太计较结果，反而会无趣。生活是自己在过，你要怎么活，完全是自己在决定，所以我觉得很多事情只要自己开心就好。

2011年到2012年跨年的时候，我做了一件很特别的事情，就是请了120位歌迷到我妹妹的酒吧，办了一个很小型的家庭派对。说到这件事情，工作人员大概要气死了。因为那时候我是有很多商演可以接的，但是因为三月份我在台北有连续7场的演唱会，体力上和心理上都要做好充分的准备，所以我就跟公司申请说想要休息，公司也答应了。

既然确定是不工作，工作人员也都回家准备过年了。当时我去了妹妹的店里，那家店是有live band的，在跨年的时候他们也有一个live band的演出。我没有工作，就在那边很开心地看，可是等到他们彩排的时候，我的心就开始痒起来，想唱的瘾就来了。我说，那我也唱一两首吧。可是，即使唱一两首，也需要有乐队，我总不能把那些伴奏的老师们请来以后，唱完一两首歌就跟他们说Bye-bye，所以干脆就尽情唱到底好了。

那家店不是很大，本来我想要有更少的人参加，可是妹妹似乎也被我们煽动，特别开心，就说可以多开放一些名额，满足更多喜欢我的朋友。最后就集合了大概120人的样子，大家在一起，度过了一个很轻松也很温馨的新年。我妹妹特意把那一段录下来，事后我看我自己的样子，觉得特别开心，脸上只写了一个字——爽。因为那是我自己的选择，我想要做的事情。

老师们也很开心。在跨年的当天，我给他们打电话，说有一个小型的派对，你们要不要来玩。他们开始都惊讶地说，你不是不工作吗，怎么又想唱？但是他们也都是一些爱玩的人，二话没说，就来到了那家店里。我们也没有彩排，唱什么歌都是临时决定，直接上台表演。可是很多事情如果没有事先的安排，突然间做一件事情你会觉得特别有趣，很好玩，所以大家都特别享受。

我是一个很喜欢有惊喜的人，也很喜欢刺激，很多事情都不喜欢按部就班，因为什么事情都计划好了，都按照事先预定地走，会很没有乐趣。人生当中有很多趣事，是需要自己去创造的，功利心太多，凡事都从获利的角度去想，反而会让人感觉到疲惫。在那个派对之后，有很多人问我：为什么放着那么多商演不做，跑去做免费的演出？我说，因为好玩，因为刺激。那些跟我一起跨年的歌迷们万万没有想到，在那一天我会走进他们中间，跟他们一起跨年。这等于是，我和他们一起，在一年的结束，新的一年开始的时候，创造了一个美好的回忆。而这份记忆，比任何商演都来得珍贵。

第一眼顺眼，才有后续发展

我的恋爱观很大一部分是受到我父母的影响，他们的恋爱在我看来是非常美满的。我爸爸是一个万人迷，在部落里面非常出众，因为他长得很帅、很有才华、会音乐、又会读书，所以有很多女生都很喜欢他、崇拜他。我妈妈是一个性格比较内敛的人，她小时候生活条件很苦，她的青少年阶段，是家里面生活最苦的时候，每天都要做很多的农事，心思都被生计填满，根本就没有时间去注意身边有没有可爱的男孩子。她的冷淡反应偏偏引起了爸爸的注意，他想知道，为什么这个女孩没有注意他？

为了吸引妈妈的注意，我爸爸经常特意在她身边出现，唱歌给她听，可是妈妈依然没有反应。无奈之下，我爸爸只好直接表白，你可不可以跟我一起去参加族里的PARTY？按照我们那里的习俗，他的言下之意就是你可不可以做我的女朋友？我妈妈这才惊觉，原来自己竟然一直被这个优秀的男孩子关注着，所以她也很欣喜地答应了。他们在一起很多年，一直相互守候，生活得非常幸福，所以我也很希望能够像爸爸妈妈那样，找到属于自己的另一半。

出道这么多年，大家对我的感情世界一直很关注，媒体也做了很多相关的报道，绯闻男友要么就是唱歌好的，要么就是运动好的，所以大家一直以为我对另一半的要求一定是有才华的，因为本身我也是一个很有才华的人。其实不是这样的，我的另一半并不一定要多有才华，而是要能够很认真地去做一件事情。不管他做的是什么，一定要很专注。他必须要有东西吸引我，我其实很看重第一感觉，如果第一感觉没有激情，那我在以后的相处当中也很难培养出感情。第一感觉未必是一见钟情，但是第一印象一定要好，要有火花，这样的人才有可能跟我有后续的发展。我这种人，不见得会一见钟情，但也很难日久生情。

像我的好朋友当中，小S已经成为三个孩子的妈妈了，Coco（李玟）和燕姿也都有了属于自己的幸福婚姻，大家聚在一起的时候经常会问我，如果有男生来追求我，什么样的人我会答应。我觉得其实两个人在一起开不开心，不是外面的人告诉你说你们两个人在一起很合适，而是你自己知道，跟他碰到一起的时候有没有火花。我喜欢的人一定是很随性的，我可以很直接地跟他说心里话，然后他要能听得懂我，我也要能够听得懂他。如果说他说话一直是很隐晦的，要我一直去猜，那么对不起，他可能就不会在我身边出现了。

猜不透对方对我来说是一种很大的折磨，而且要跟我在一起，一定要有很大的勇气。因为不管是跟我成为朋友，还是做我男朋友，外界总会有不同的声音出现，给很大的压力。可能对方会觉得害怕，说我只是交个朋友而已，有必要每天都要接受别人的议论，面对各种各样的批评吗？当他失去勇气的时候，可能也就意味着我们的关系结束了。所以，想要做我的另一半儿，内心一定要强大，能够弱化别人的影响力，专心做自己。

不懂欣赏我不好的男人，就不配拥有我的好

艺人交朋友的时候会非常谨慎，因为害怕对方是因为对你在荧屏上的形象有一种期待。我完全不会有这样的担心，因为我如果觉得这个人可以交朋友，一定会很真诚地面对他，完全不会装成另外一个人，因为我不会很假的生活，也没有造假的耐性。

在谈恋爱这件事情上，我的经纪人经常说我是男生，不是肢体或者动作上太男性化，而是处理事情的反应跟男生很相似。比如，情侣在通电话的时候，通常都是女生在说：喂，baby，你在哪里？在做什么？男生回答说在哪里，做着什么事情。如果他忙的时候就会跟女朋友讲，我在忙，先挂了。可是到我这里要倒过来，男生讲说baby，你在哪里？我会说我在忙，然后挂掉。其实我也不是故意，只是在专注地做一件事情的时候会不自觉地有这样的反应。为此，经纪人没少批评我，你到底是不是女生啊，可不可以温柔一点？我也意识到了自己确实不应该这样，也希望自己能够从自我的世界里面走出来，多考虑一下别人的感受。

最近我都在调整我自己，有了直觉性的反应以后，会让自己再

停顿三秒钟之后再行动。可是很多事情是你自己没有办法控制的，比如说我工作时沉进去的时候不希望被打扰，如果有人偏偏要挑战我的极限，那我一定会抓狂。因为当我注意力很集中的在做一件事情的时候，其他的东西对我来说都好像不存在一样，我比较难走出来，去顾及自己小女人的形象。

工作给我的影响是非常大的，因为我太热爱工作了。我很喜欢做事情从零开始到成功以后的感觉，哪怕是最后失败了，那个过程也会让我觉得很享受。我觉得如果做我的男朋友，一定要能够理解我的这

种心情。可能平常我们看到的艺人都是很闪光的部分，在舞台上，每个人都是魅力四射的，把所有的热情都往外推，可是下舞台的时候，我们的感受才是最真实的。这个时候也最需要另一半的关心和体谅。可是如果对方经常跟我抱怨说：“你太重视工作了，都没有重视我。”那我会很不喜欢，会觉得我们在一起会很辛苦。

作为交往的另一半，一定要非常懂得我们工作的性质，艺人就是这样子的，有很多身不由己的地方，也需要有自己的空间，可以让我全心全意地去做一件事情。当我很专注的时候，我希望对方能够体谅一下我，而我也会去理解对方，体谅对方，这样的感情才能长久。如果说两个人在一起，总是从自己的角度去思考，只希望别人带给自己便利，而不希望给对方提供空间，让对方去做他喜欢的事情，那么这份感情一定会逐渐变成一种负担。

就像我的每一场演出，尽管我用尽心思要完美地呈现给观众，可是到最后或多或少都会留下一点点的瑕疵，任何一个人都不可能做到完美。我可能会因为爱一个人想要努力去调整自己，让自己扮演一个好的女朋友，甚至以后做一个好太太，可是我毕竟也有自己的生活，也有自己的追求和喜好。我在成为另一个人的伴侣的同时，也在做着我自己。所以，就像玛丽莲·梦露所说的那样，如果你不懂得欣赏我对你不好的部分，那你就不值得拥有我最好的部分。

@ 如果不能全给我，就全都别给我。

@ 我的人生历程中，我始终有一种勇气，应该是这个支撑着我不断进步。

@ 其实经历了那么多年，肯定会有这样那样的感触，与其说我改变了，不如说是成熟了吧，知道对自己来说真正的快乐是什么。我投入地工作、认真地唱歌，因为这样就能让我很快乐，发自内心的，而不是刻意去改变什么。

@ 很多事情如果它发生了就发生了，躲都躲不掉，也强求不来。既然如此，为什么不去轻松地接受？同理，在感情上，这个人可以让我定下来，那就来了；一直没有，我也不会亏待自己，开心工作、专心接受、用心关爱。

白百何

爱就疯狂，不爱就坚强

在《与青春有关的日子》里，她饰演的“乔乔”不仅给观众留下了很深的印象，也给她的对手戏陈羽凡留下了莫名的好感。这部电视剧不仅成就了她的演艺事业，也成就了她的婚姻。在她事业刚刚上升的22岁，她却结婚生子，暂别娱乐圈。几年后，她饰演的“黄小仙儿”像她一样，大大咧咧地出现在众人眼前。她是白百何。

你看古语都说，“成家立业”，就是我这个顺序（哈哈）。正经地说，我一直觉得导演选择演员到底不是看她结没结婚，而是会不会演戏。对演员来说，有了丰富的人生经历，对演戏是有帮助的。我觉得自己现在的状态很健康、很正常，没有必要去刻意赞美或者曲解它。我不过比同行业的姑娘们早结婚生子几年而已。结婚是好事，我完全不介意和大家去分享。

——白百何

婚姻不是让女人“身价”贬值的地方

“如果找到一个心爱的人，必须要牢牢地抓住他，和爱人生活在一起是最幸福的事情，所以我和羽凡走到了一起，幸福就在我身边，在我家里。”我是这样诠释幸福的。

我和陈老师的相识是因为电视剧《与青春有关的日子》，他在里面饰演歌手许逊，我在里面饰演乔乔。第一次见面，我们对彼此的印象都不太好。因为他在羽泉组合，那时候已经很有名气了，但是隔行如隔山，在演戏方面他还是一个新人。刚进组的时候，他特别想放下歌手的包袱，跟“前辈”演员们打好关系。晚上九点多，他到剧组后想要请大家吃饭，当时我们正在打羽毛球，而且晚饭已经吃过了，我又没有吃夜宵的习惯，就拒绝了。他就觉得我特别不给他面子。

在剧里，我和他有很多对手戏。最初我们的默契度很差，反复重拍，导演一针见血地批评我们说：“你们现在不是表演本身的问题，而是相互太陌生，我看你们根本不在戏外培养感情，戏怎么可能拍得好？”我们俩都被说得很不好意思，还是陈老师首先打破了沉默：“往后不拍戏的时候，我们也多聊聊天吧，争取早一点找到拍戏的感觉。”之后我们在一起的时间就多了起来。相处多了以后，我发觉他这个人更像是邻家的大哥哥，一点架子也没有，很愿意照顾别人，而且对人很真诚，所以逐渐地对他产生了好感。

那段时间他的心情一直都不好，一个如同亲兄弟一样的朋友突然去世了，对他的打击很大，加上一些感情方面的事情，他的前女友刚好在这个时候跟他提出了分手，所以他每天都特别难过。我知道了这些事情以后，很替他伤心，但是更希望他能走出阴霾，快乐起来，所以就对他说，在戏里我是你的女朋友，在戏外我也尽尽“女朋友”的职责吧。之后就每天安慰他，他的脸上渐渐有了笑容。

那部戏拍了半年多，我们的感情也在那半年的相处当中逐渐加深。杀青以后，我们都要回到属于自己的地方了，而那个地方将不会再有彼此。每每想到这些，心里就会觉得很难过。那天晚上，我们抱在一起大哭，一向内敛的陈老师居然流着眼泪陪我说了六个多小时的话。当时的情形是，我们总要有人来做一些表示，不然以后将不会再有理由和借口走在一起了。考虑到他刚刚受到情伤，加上他又是一个很内敛的人，我怕他会有所顾忌，所以就跟他说：“我跟你在一起，不是想要从你这里得到什么，而是因为我很快乐。”他可能也被我的真诚和勇敢打动，从那之后我们就在一起了。

考虑到粉丝的感受，女演员一般结婚都比较晚。我和陈老师准备结婚的时候，我才22岁。这个年龄对于其他的女明星来说，别说是结婚，就是公布恋情也是很忌讳的事情。周围的朋友都劝我要慎重考虑，不要过早地涉足婚姻，以免影响演艺事业。我却很坚定，觉得爱情不在早晚，婚姻不在年高，我遇到了对的人，就想要跟他在一起一辈子，那我干吗不结婚？所以2006年12月26日，我和陈老师办理了结

婚手续。

随着电视剧《与青春有关的日子》的热播，我的演技开始得到圈内人的认可，很多媒体都说我是“80后演员里不可多得的新生力量”，圈内的好友也都为我高兴，觉得我既有美满的婚姻生活，事业上也逐渐有所收获，只要稍加努力，一定能很快走红。可是那个时候我却告诉了他们一个更为惊人的消息：我怀孕了，快要当妈妈了。

直到现在，我同学提起我的时候都会说，没有什么事情是我不敢做的，在演艺圈里，敢这么早结婚生孩子的人也就只有我一个。我觉得没什么早与不早的，该结婚的时候就结了，该要孩子的时候就要了，一切都是水到渠成的事儿。我没觉得结婚会对演艺事业有什么不好的影响，戏错过了还会有下一部，但是遇到对的人就一定要抓住。演员需要阅历，如果现在让我演妻子，演母亲，我会更有经验。

实践是检验真爱的唯一标准

想要结婚的人，经常需要找各种各样的理由去说服自己，让自己可以安心地走进婚姻。我觉得如果你还有太多顾虑的时候，其实是不适合结婚的，因为走进婚姻的条件其实很简单，就是爱，只要相爱的两个人在一起就可以了。我从小到大从来没有给自己一个框框，我的男朋友一定要是什么样的，从来没有过。就是我碰到了这个人，觉得特别合适，就去相处和感受，在这个过程当中才知道我们适不适合生活在一起，然后才去结婚，这是一个自然而然的过程。你们是否合适，只有你自己知道。在相处的过程当中，你能感受到他很爱你，你也很爱他，就可以结婚了。

你一定要听自己心里面的声音，遵从内心的感受。因为你已经觉得你很爱这个人了，但是一直在批评、批判他的条件，他可能不够有钱，他可能在哪些方面还有太多的不足，你搞不好就因此而错失了幸福。其实很多东西是外在的条件弥补不了的，即使一个很有钱的人跟你在一起，可是他并不爱你，那你在追求什么呢?

很多人经常会问我，你看上陈羽凡哪了？他哪一点吸引了你，让

你心甘情愿嫁给他？这是一个特别难回答的问题，我觉得我们俩在一起，就是“合适”。很多事情只有你自己的内心才能感受到，所以为什么会选择那个人，为什么会心甘情愿嫁给他，其实是讲不出来原因的。你不能说我因为他长得帅才爱他，也不能因为他个子高才爱他，陈老师不算高也不算帅，然后你也不能说我因为他会唱歌我就爱他，所以其实你内心的感受是很多外在的条件弥补不了的。只有当你找到对的人的时候，那个人“合适”你，跟他在一起你才会感觉到快乐，而那种快乐会让你奋不顾身地想要去投入婚姻当中，而不是有更多的顾虑。

从电影《失恋33天》上映的那一天开始，经常有人问我，如果黄小仙的经历带进了你自己的生活，也就是你突然发觉你老公在外面有了小三，你会怎么做？我觉得如果真发生这样的事情，那一定是我有失职的地方，让人钻了空子，我首先会先回来检讨我自己，他为什么会接受另外一份感情。

婚姻会出现第三者，通常是婚姻本身出现了状况，但是很多问题一直都被忽略，或者得过且过地放在那，不去解决，隐性的问题积少成多，就会形成一个大窟窿。我不认为第三者有多么大的能量，可以将一个完整的婚姻劈开，她能一只脚插进来，肯定是自己在婚姻里面没有做好，使得夫妻之间出现了缝隙。所以在假设的情况下，如果真的有第三者出现，我会首先检讨我自己，到底是哪里没有做好，让婚姻陷入了危险的边缘。但是在现实的生活中，我相信我和陈老师之间的婚姻关系是非常稳定的，不会出现类似的情况。

给爱情保鲜，就是给爱情保险

在访问的时候很多人问我，黄小仙的角色跟我本人是不是很像，我说我们有相似的地方，也有不同。相似的地方是，我们都活得很真实，不同的是，她比较随性，不懂得经营自己的爱情。我觉得感情跟家庭这个东西是同样的，都需要你去维护。当你有工作的时候，需要去做一个平衡，不能因为忙于工作就忽略了家庭，也要每天给爱人和家人一种信念，让他们知道你是爱他们的，这样大家才会坚持下去，一天一天积累下来才是一辈子。

我和陈老师结婚七年多了，之前有很多人说，七年之痒是很可怕的，很多人的婚姻关系都过不了七年。可是我们在一起的时候，还没有觉得“痒”过，因为我们很注意给爱情保鲜。首先，在现在的社会里，所有的人都特别忙碌，表面上看起来是在追求幸福的生活，以为更好的工作，自己的生活品质就会更好，幸福也就会更多。但其实幸福这种东西是需要你安静下来去感受的，并不是用你更多的工作成绩，或者是挣更多的钱换来的。所以一定要学会从忙碌的工作当中停下来，去感受婚姻生活当中的快乐。两个人的相处，一定要每天都说一次我爱你，这三个字虽然简单，可是如果出于真心，就会让感情更浓。

其次，如果两个人不在同一处的话，一定要睡前打很久的电话，沟通一天当中发生了什么事情，互相问候，帮助解决彼此在工作上面的纠结和疑虑。夫妻之间，沟通特别重要。现在许多结婚很多年的夫妻，都没有实质性的沟通，说“我爱你”的时候也太形式化、表面化了，所以感情才会越来越淡。

再次，夫妻之间的相处，一定要懂得包容。两个人在一起难免会有一些摩擦，因为谁都可能会有一些情绪，两个人如果情绪都不对的时候，就容易发生一些争执。我和陈老师也会有一些摩擦，但不是来自于彼此失去耐性了。如果是耐性的问题，是个很大的问题，那一定是感情出问题了。我们两个人之间出问题更多的是因为小事，比如说我们两个都睡下了，有一个人要喝水，他说你去拿，我说你去拿，然后就吵起来了。我们不会因为大事情吵架，都是一些鸡毛蒜皮的小事。我们俩之间出现第三方就不容易争执，即使这个第三方是孩子。因为我们两个其实还挺团结的，如果有第三方的出现，我们的意见就会变得很统一，往往是只有我们俩的时候，很难做出一个决断。

陈老师经常会给我训话，他是天蝎座的人，天蝎座的特质就是他喜欢教导你，不管你成不成熟，他都会教导你所有的事情。很多人不愿意听对方说，所以很容易吵起来。我就会一直听他说，听够了的时候就会开玩笑说，你更年期了，他就不说了。所以如果一个人懂得什么时候该退，什么时候该进的时候，那么两个人的关系也就和谐了。

最后，一定不要忘记两个人在一起的初心。我觉得我们在一起七年，感情之所以还能维持一个很浓的状态，是因为我们两个人的性格

婴奇
HUGGIES

比较像，都属于比较随性的那种。

在普通老百姓看来，我们是娱乐圈里的明星，是有光环在的，但是我们都不会有多大的改变。这可能是我们七年来感情不变的一个很大原因，就是外在的条件影响不了我们。我一直强调，如果你的感情出问题了，一定要记得回头想一想，当初两个人为什么要在一起。所以我一直在想，我们在一起的时候我是什么样子，自己有没有变过，一定要保持原来的样子，因为那是最初的你，是他最喜欢的。

幸福的女人是被老公疼出来的

刚开始谈恋爱的时候，我经常会去看陈老师的演出。我会看着他上妆，等到他上完妆以后，我就会对他说，你好帅啊。我是发自内心这样说的，因为如果你真心爱一个人的时候，你会觉得他看起来特别顺眼，即使他在别人眼里并不是一个帅哥，但是在我的眼里，他就是全世界最帅的男人。

陈老师是一个把外表看得很淡的人，他不会过多地注意自己的外貌，也经常会把自己放在不帅的行列，但是他会习惯我的赞美，因为我都是发自内心的，可是他是很少会称赞我。比如这一次《失恋33天》拍得特别好，很多人都说你演戏演得真好，可是他从来都没有跟我说过老婆你真棒之类的。我觉得这一点他还挺无趣的。有的时候我准备出门，都会格外用心地打扮一番，我就问他，老公，你看我今天穿得好看吗？他就说：挺好的。一次两次都是这样，后来我就急了，我说为什么你总是这种特别冷漠的态度对我啊？他说，因为你的平均分很高啊，你每天穿得都很好看。所以我的心里还觉得蛮幸福的。

陈老师的个性就是这样的，他可能心里装满了对我的爱，但是他

不会表达。他从来不会说，我觉得你很美，你今天打扮得特别漂亮之类的话，即使有时候偶尔溜出来几句，说得也特别含蓄。比如说，我们正要准备出门，他突然会来一句，美妞。在一起时间长了，我也比较懂他，他对我的好不会表现在言语上，更多的是表现在行动上。比如说他经常哄我的时候，就像是在宠溺一个孩子一样，出差的时候还会给我买礼物。

他会用行动来证明，他平常在听你讲话，在观察你。他知道我很爱涂指甲油，前一段时间我杀青回去，就看到桌子上摆了十几瓶指甲油，还有小唇膏、唇彩。前段时间他去台湾了，在那边买的，还说是限量的，就全都是一些小女生的东西。对于一对结婚七年的夫妻来说，这好像有点幼稚了，但是他就会经常买一些这种小东西来哄我。毛绒玩具啊，袜子啊，而且还是卡通的，我都很多年没穿过那种袜子了。

还有一件事情特别有意思，他买了两瓶香水，想给我一瓶给我妈妈一瓶，因为我妈妈也特别喜欢香水。可是因为我在外面拍戏，他买完之后就把它们藏起来了，因为他想让我先挑，如果放在外面的话就一定会被我妈先拿走。等到我回来以后，我就拿着那两瓶香水让我妈先挑，我妈就觉得奇怪，这香水是哪儿来的啊？我就说，这是陈羽凡出差的时候给我们买了两瓶，他想让我先挑，我就实话跟我妈讲了。我妈拿了一瓶香水之后就去找陈羽凡：好啊，你买了香水还藏起来……因为我和我妈之间是没有秘密的，我们家的家庭关系比较好，说开了也不会有矛盾，我爸我妈也是那种极其不严肃的人，所以有时就因为这样的事情去修理陈老师，当然是开玩笑似的。

除了会买一些小东西送我之外，陈老师还会跳大黄蜂的舞给我看，我心情不好的时候，他完全可以感受得到，所以会想这个特别的方法逗我开心。在舞台上，他是一个摇滚歌手的形象，是不可能跳大黄蜂的，所以那是一支专属于我的舞蹈，也是他疼爱我的专属表现。在他身边，我一直都是一个很幸福的女人，而幸福，不过是来自于他的宠爱。

@ 贱，是一种态度，是将世事规律看透后的脚踏实地，扔掉一切道德外衣的真实，会刺痛看惯伪善的世人，但这正是我存在的价值，我贱，故我在。——《家的 N 次方》

@ 把话都挑明了说是我的习惯，我觉得这样比那些表面亲热背地里放暗箭的人要酷得多，也来得痛快。——《家的 N 次方》

@ 感情其实是好感情，所以才让我心心念念朝思暮想地纠结，如果一开始就是你来我往不失客气地随便玩玩，那分手时一定比蹩脚电影散场，还令人不想多留恋。——《失恋 33 天》

@ 尤瑟纳尔说过一句我一直觉得无比刻薄但又无比精准的话：世上最肮脏的莫过于自尊心。此刻我突然意识到，即便肮脏，余下的一生，我也需要这自尊心的如影相随。——《失恋 33 天》

@ 父母的爱就是湿棉袄，穿上难受，脱了冷。当他们俩都围着你转的光阴，你就会觉得你涝了。——《我的青春谁做主》

李玟

婚前要用情，婚后要用心

她是首位进军美国乐坛的华人歌手，也是首位全球发行英文专辑的华人歌手，更是迄今唯一登上奥斯卡金像奖颁奖典礼献唱的亚洲歌手。她被《时代周刊》评为“华人之光”。她的影响力触及海内外及全亚洲地区，是具有国际声誉的华人歌手。有人说她很西化，但她却保持着东方美。她是李玟。

在爱情和婚姻面前，女人是不分三六九等的。最美的婚礼并不代表最美的婚姻，不管一个女人多有名，如果想要得到一个男人持久不变的爱，都必须要付出她的真心。

我结婚的时候，很多人都会纠结于我和Bruce婚礼的豪华，但是在我看来，婚礼就是一种爱，是我与爱人和亲友分享的过程。在婚礼上，人们可能会更关注于我手上和脖子上的钻石，但只有我自己知道，当婚礼结束后，我会心甘情愿为了那个男人掩藏起满身的星光，做一个只为爱而活的女人。

——李玟

没有一个肩膀能代替一双翅膀

我的爸爸妈妈在年轻时就读于北京大学，他们在湖光塔影里相识相爱，之后有了两个女儿，就是我的两个姐姐，他们一起过着很幸福的生活。然而在我还没有出世之前，爸爸就匆匆离开了这个世界，妈妈一个人承担起了抚养我们姐妹三人的责任。在我10岁的时候，我们全家移民到了美国。那时候家里条件特别不好，我们四个人只能勉强挤在一间10平方米的小屋里。妈妈非常辛苦，一方面要工作，一方面要照顾我们姐妹。吃饭的时候，她从来都不跟我们一起吃。以前我不懂，以为妈妈喜欢一个人吃饭，不喜欢我们姐妹在饭桌上的吵闹，后来我明白了，妈妈是怕吃了我们喜欢的菜，她想把最好的、我们最喜欢的留给我们，她自己吃剩下的食物。

妈妈是个坚强的人，从来不会因为困难而退缩。她孤单的臂膀里，为我们姐妹撑起的是一片很安全、很温暖的天地。在我很小的时候，她就一直告诉我，做人一定要坚强，一定要努力，只有你自己变强，才不会被困难打败，只有自己够努力，才能一步一步地朝着你想走的方向，到达内心渴望的终极目标。妈妈的观念深深影响了我，她让我明白，人生一定是辛苦的，如果你肯努力，就会得到一个好的结果。

我还记得发第一张国语专辑的时候是1994年6月15日，因为是新人，很多人都不愿意提供机会，所以我等了一个多月都没有通告。公司动用了各种关系增加我的曝光度，终于，有一个做游戏的节目开始邀请我。我是一个很活泼的人，在节目里非常放得开，再加上怪怪的国语腔，很多人一下子就记住了我。后来专辑越来越好卖，我的通告也越来越多，几乎每天早上都要八点钟起床，到处赶通告。没有钱，每天只能吃泡面和面包。凌晨12点的时候，还要赶回去录音，大概录三四首歌的样子，因为那个时候的录音室是最便宜的。

为了专辑的宣传，我要不停地唱校园。那个时候条件很艰苦，路程远的时候，也不会坐飞机，都是坐火车。最夸张的一次是没有座位，我就自己扛着化妆箱和衣服站了八个小时，到了以后也没有休息，直接就上台彩排、表演，之后再返回公司。

那时候我的年纪很小，不懂得照顾自己，没有好好地吃饭，加上工作很辛苦，一直拼一直拼，终于生了一场大病，在医院里住了十天。可是出院以后，我马上要求公司赶紧安排拍摄一组杂志的封面，因为我发现在医院的这段时间，我的体重骤然下降，突然变得很瘦，腿很细，这样的状态拍封面再好不过，所以就赶紧投入到了工作当中……

周围的人开始劝我，女孩子不用那么拼的，找个好男人嫁了，一辈子的生活也就不愁了。可是我是一个很希望凭借自己力量生活的人，不希望成为任何人的附属品，即便那个人是我的丈夫，在以后的生活里我们需要彼此扶持，我还是希望自己能够保持一个站立的姿

态，而不是如同没有骨头的寄生虫，依附在别人的身上。

在成为艺人的这条路上，我曾经过得很辛苦，可是我不后悔，也不会放弃。因为这就是我选择的职业，我喜欢做的事情，不管多苦，我都会坚持到最后。有人曾经问我说，Coco，什么时候你才会从歌坛退出，是唱片的销量获得冠军的时候还是你站在世界舞台上的瞬间，我觉得都不会。因为音乐是我的生命，我会用我的一生去守护我的理想，所以只要我还活着，我就会尽情歌唱。

当真爱像病毒一样入侵

我和Bruce相识于2003年，当时我刚从日本演出回来，与容祖儿、孙燕姿等圈内好友去铜锣湾参加一个晚宴。我们一入场，整个大厅都变得“星光闪耀”起来，场内的宾客都纷纷看我们。在娱乐圈摸爬滚打这么多年，我早已经习惯了被人行“注目礼”，所以一如往常一样，我很淡定地笑着，找到了一个合适的位子坐了下来。

席间，我和周围的朋友们一直聊得很开心。我们去的那家餐厅，在香港非常得有名，到了晚上就会变成夜店。吃完饭后，我和朋友们开始跳舞。我是一个很喜欢跳舞的人，很enjoy在舞池里的感觉。可是还没有跳多久，就有一位朋友带着一个文雅帅气的外国男子走过来跟我打招呼说：“Coco Lee，这是Bruce，我觉得你们应该认识一下。”后来我才知道，Bruce之前一直在舞池旁边看着我，他想认识一下，但是不知道应该怎样开口，恰好这时有一位朋友说，你要不要认识一下Coco Lee，他是出于礼貌才过去打招呼的，但没想到Coco Lee竟然就是他一直看的那个女孩。这或许就是冥冥之中的一种缘分。

初次相识，Bruce给我留下了很好的印象。因为他在整个晚宴期

间，表现得很活跃却又不失稳重，他能用英语、法语、粤语和普通话向来自不同国家和地区的客人打招呼，也能用很幽默的方式跟人交谈，使我不由地对他刮目相看。但仅仅是觉得他比较特别，并没有其他的想法。倒是他，因为年龄比我大，比我更成熟，更清楚自己想要什么样的女孩，所以他很希望能够跟我有进一步的接触。可是当他提出约会的时候，我刚好要去洛杉矶。

“是吗？那太巧了，我也正好要去洛杉矶。”他故作轻松地表示，但其实他那时候准备去加拿大的威斯勒滑雪。所以我不得不承认他是一个很有心的人。

到了洛杉矶之后，Bruce以为一切事情就会变得顺利，但其实有更多棘手的问题等着他。因为到了美国之后他才发觉，很多人在追我。在那么多年轻帅气的小伙子面前，他变得有些不自信，而我一直忙，工作上有很多事情需要处理，也要见一些很久都不曾见过的亲友，一直腾不出时间招待他。在他看来，这就是一种冷落的信号，所以他变得很沮丧，不再继续等下去，从洛杉矶飞去了纽约。等我忙完，打电话给他问可不可以一起吃午餐的时候，才知道他已经离开了。

“但是，没关系，我明天就回去。”一句轻描淡写的话，促成了我们的第一次约会。那时候我已经在娱乐圈闯荡很多年了，上过无数大大小小的舞台，可是那一天跟Bruce在一起的时候，我整个人变得超害羞，不敢看他。我知道这是因为我喜欢他的关系。聊天的时候，每个人都会有不同的节奏，只有两个人的节奏相吻合的时候，彼此才能聊得很舒服。我很喜欢跟他聊天，他的幽默感总能把我最好的一面带出来，跟他相处我觉得很舒服、很自然，完全没有压力。虽然是第一次正式的约会，但是我们从下午三点钟一直聊到了晚上七点，好像一直有说不完的话。

也就是在那个时候，我了解到，Bruce祖籍加拿大，在香港生活了近30年。自从他第一次在晚宴上见到我，就被我的魔鬼身材和热辣奔放的舞姿所吸引，对我心生爱慕。他比我大15岁，全身都散发着一种男性的魅力，让我很有安全感。

虽然在娱乐圈，我可能是天后级巨星，但平时的我也不乏一般女孩的娇嗔和任性，情绪化比较明显，加上娱乐圈里的压力要比其他行业大很多，我的个性又强，所以我经常喜怒无常。但是每当我因为一些事情感到烦躁的时候，Bruce都非常地包容我，用他那独有的幽默感逗我开心。

我是在一个单亲家庭里长大的，妈妈经常扮演两种角色——既要当妈妈，又要当爸爸。虽然她竭尽全力想要给我一个很健全的家庭环境，但是因为家里没有男人，我从来都没有享受过父爱的温暖和呵护。而Bruce的爱，既填补了我对父爱的缺失，又给了我爱情的甜蜜，在不知不觉当中，我在心理上越来越依赖他，跟他走得越来越近。

尽管在情感上认可他，但是我一直都觉得自己很难走到结婚这一步。因为从小就受到妈妈的影响，我对婚姻没有特别的感觉，更不觉得一个家庭就一定要有爸爸妈妈两种角色。我妈妈又是一个比较开通的人，我做任何事情她都非常支持我，理解我的选择，所以她不会像其他的家长那样去逼我交朋友，也不会催婚说：你都超过30了，应该赶快结婚。而且我是一个工作狂，在事业上是非常有野心的，我会希望自己先把工作做好，感情的事情可以适当地延后。

所以我对结婚这件事情一直都有抵触心理，觉得婚前与婚后，也无非是经历一场婚礼，但是你整个人的身份就变了，那会很奇怪。而且一个人的精力是有限的，当你全身心地投入到工作中的时候，是不可能有心思去做好人家的太太，而一旦把太太的角色扮演好，就一定会影响到工作。权衡两者的时候，我的心思更倾向于工作，这似乎注定了我要在婚姻方面做出牺牲。

可是Bruce向我求婚的时候，我不得不承认，真爱具有摧毁一切理性的力量，它就像病毒一样入侵我的大脑，让我的思维顷刻间发生转变，使我对婚姻充满了向往。而结婚以后，我发现以前的我真的是多想了，婚前和婚后并没有太多的不同，那些所谓的压力，不过是自己添加给自己的罢了。而当你过了自己那一关，生活反而会变得更加甜蜜。

相对于我对婚姻的谨慎，Bruce更加希望快一些跟我组建家庭。我们第一次约会的时候，他就说："如果可以，我现在就会把你娶了。"听到他这样说的时候，我的心里反而觉得不舒服。虽然我外表看起来是一个很洋化的女孩，但是骨子里其实还蛮保守的。我觉得，这个人说话真的是太甜言蜜语了，一定要小心。

开始的时候，我的确很谨慎。但幸运的是，随着时间的考验，我越来越确定，他就是我的The one，我们会成为永久永生的对象。而Bruce也完成了他第一次约会时所说的话，和我一同走进了结婚的礼堂。

想要赢得一个人，首先要学会退让

我和Bruce的婚礼是在香港的邵氏影城举办的，场地布置用了“The Night Club”的设计概念，场内充满了时尚的吧台、座椅等，设置了很多个美食区，可以提供来自不同国家的食物。场地的面积大概有1800平方米，很多朋友都开玩笑说这个片场够大，几乎可以容纳上万人开一个大型的演唱会了。

在婚礼的设计上，我花费了很多的心思。我是一个追求完美的人，很希望自己的婚礼是一个完美SHOW，所以任何一个细节我都不会放过，绝对不允许出任何的瑕疵。另外我希望来参加婚礼的每一个人都很快乐，留下好玩又美好的回忆。所以我们特别留意宾客们的需求，提前发E-mail，问需不需要有专门梳妆的人员，在食物上有没有什么特别的要求等等。在他们到香港之前，都会收到一个远渡重洋寄过去的行李牌子，可以让他们在安检的时候不用等待。

我们请了很多朋友来参加我们的婚礼。Bruce在与我结婚之前，曾经历过一次婚姻，有两个女儿。那两个宝贝儿都非常喜欢娱乐，希望能够邀请到一些明星来到现场，所以我们特别请了布鲁诺·马尔斯、艾莉西亚·凯斯、珍妮弗·洛佩兹等人。其中有一个环节是Bruce想要给我的一个惊喜——我和他闲聊的时候，曾提起说很喜欢Just the way you are这首歌，所以很希望在婚礼的时候能放这首歌，并且找到它的原唱布鲁诺·马尔斯来唱现场。

我绝对没有想过这件事情能够成真，但是在我检查婚礼流程的时候，发现其中的某一个部分是Bruce没有跟我提起，就特别好奇，一直追问，Bruce没办法，只好跟我坦白说，提前找到了布鲁诺·马尔斯，他会来我们的婚礼现场。虽然这份“惊喜”提前曝光，但我还是非常地感动，不是每一个男人都能给女人一个很完美的婚礼，但是只要他有心，心里想着怎样给自己的女人幸福和快乐，那么那个女人就应该是幸福的。

通过各种媒体的渲染，很多人都会纠结于我和Bruce婚礼的豪华，甚至每一次接受采访，都有记者问他，你们这场婚礼总共花了多少钱？正如每次Bruce回答的那样：“我永远都不会去计算这些，因为可以给我爱的人一个终生难忘的婚礼，超过任何金钱所能赋予的意义。”人们可能更关注于他在我身上花费了多少钱，而Bruce则更愿意思考，他能带给我多少幸福。

我觉得在爱情和婚姻面前，女人是不分三六九等的，最美的婚礼并不代表最美的婚姻。这个规律不会因为我是歌坛天后而改变。要想得到一个男人持久不变的爱，我必须像其他女人一样，付出自己的全部真心。可是因为我的行业，我的收入，和Bruce在商业中的地位，人们更愿意通过外在来衡量我们的感情，而忽视了我们对彼此的真心。在我看来，婚礼就是一种爱，是我与爱人和亲友分享的过程。我从他们那里得到祝福，同时我也希望他们能够分享到我的喜悦。所以婚礼的过程，我会做到尽善尽美，那是一种心意，无关其他。

但是筹备的过程是很长的，需要付出很多的艰辛和努力。让我觉得神奇的是，我曾经对婚姻有一些排斥，不太相信自己在婚姻当中能够做好一个太太的角色，可是因为我碰到了一个对的人，觉得格外喜欢，只要他能够幸福，我就会变得很快乐，所以在筹备婚礼的过程中，我丝毫没有觉得累，反而内心充满力量。朝着婚姻的每一步，我都走得特别自信，又充满期待。

婚礼的舞台从无到有，很多的细节都需要注意，在这个过程当中，我说出自己的想法，Bruce也会尽心尽力，但是两个人很容易会出现一些意见不合的时候。处理这个问题，最好的方法就是分工明确，彼此尊重。因为有一些东西他比较强，比如说主题的设计、会场的布置等等，都会采用他的想法。而在娱乐方面，哪一个歌手出来唱什么样的歌，在舞台上需要打什么样的灯光，或者要做一些LED的画面，他就会听我的意见，因为我就是做这一行，对表演更了解。所以我们会配合，看谁更适合做这件事情。

其实婚姻更像一个团队，会稍微有一些摩擦，但是你不能事无大小，一切都要争辩，而要分清楚重点在哪里，懂得让步。如果你能明显感受到你的老公或者男朋友很坚持某些事情，那就要让步。比如说他很喜欢红色，你喜欢紫色，那就选红色，有什么关系？他开心了，你才能开心，大家互相开心。所以女人一定要学会在该让的时候让，完全去尊重他，这就是我与老公相处的智慧。

不能因为他是你的后盾，就凡事都把他排到最后

女生常常会犯错误，以为他爱上自己，成为了自己的后盾，就都把他排在最后。我不一样，相处的时候会把他的位置放得很高，我在乎他的每一个举动、每一个眼神，他说得每一句话，我都能从中听出来他喜欢什么，然后为他准备一些惊喜。我记得几年前，在Bruce的生日派对上，我送了他一件礼物，他感动到哭。

应该是无意当中，我在家看电视，有一档节目是帮忙寻找参与者的第一个Kiss的女孩子，我觉得很有意思，就想在Bruce的生日派对上设置这个环节。他的那个生日，我从一年前就开始筹备，每一件事情我都帮他想好，这个派对要怎么去庆祝，才能让他更开心。所以在相处的时候，我就试着从对话里面获取一些信息，知道了他很多以前的事情，也知道了那个女孩的名字，然后偷偷拿笔记下来，到处去搜寻那个女孩子，后来竟然真的找到了。我打电话给她，请她参加Bruce的生日派对，她也很乐意前往。

当她出现在派对的时候，Bruce吓了一跳，他真的完全不敢相信。而且那个派对让他惊喜的是，不仅有他的初吻女孩，我还邀请到

了他从小到大的好朋友，还特别帮他做了一个关于成长的影片，从他Baby的时候，到他后来取得的成绩，当中也包含了他与他两个女儿的互动，从她们很小的时候，他是怎么照顾她们的。那些画面非常地感人，为了剪辑这些片子，我每天都工作到很晚，最后终于完美呈现了一个关于Bruce的故事。因为我很想让大家知道，谁是Bruce，他是怎么成长起来的，我为什么会爱上这个男人……Bruce是一个不轻易流泪的男人，在商场上征战这么多年，他的情感不会那么外露，可是在他生日的那一天，他被感动得哭了。我非常满足，虽然很辛苦，但是心里很甜。我的个性就是，如果我爱这个人，就要给他百分之百的爱，我会让他知道我爱他，每一天每一分钟，都希望他能够被我的爱包围。

也许在生活中，并非所有的女孩子都能找到自己可以托付真心的人。或许她们也想付出，也想给予爱，可是面对那个人的时候，就会变得很犹豫。我觉得，那说明你并没有得到你的真爱。当真心爱一个人的时候，会希望他得到更多的快乐，希望你的存在成为他的一种幸福。感谢上苍，让我找到了我的Mr. Right，又很庆幸地，我愿意向他托付我的真心。

我觉得看一个人是不是对的，首先要看你跟家人吵架的时候，或者有一些事情让你开心，他怎么样去处理；当你有麻烦、感觉到不安的时候，他怎么样去帮助你、安抚你。Bruce会让我变得冷静，通过很理性地分析，让我明白很多道理，情绪逐渐安抚下来的时候，解决问题没有那么冲动。所以他对于我来说，具有一种很神奇的魔力，可以让我很快地从激动走向平静，本来是很挠头的时候，我急得焦头烂额，可是在短短地时间里就会变得非常冷静，知道问题应该怎么样处

LA MER
LA MER
MER
ER

理才是最好的方式。

我曾看过一本书，名字叫《秘密》。它里面强调的是“吸引力法则”，如果你每天都在想一些不开心的事情，那些不开心的事情就会被吸引过来，一直围绕着你，不肯散去；如果你每天想一些积极的、快乐的事情，那么积极的、快乐的事情就会被你吸引过来。所以，如果你每天都抓住爱人的缺点不放，久而久之，你就会变成一个很挑剔的人，会每一天都抓住他的缺点不放，婚姻生活也会不断地被这些瑕疵缠绕。但是如果你适当地放过他的缺点，专注于他的好处，你的婚姻生活才会变得更加幸福。我觉得这本书对我来说很受用，因为它教会了我凡事都往正的方向去看。

我和Bruce在一起这么多年，几乎没有吵过架。我们可能都比较善于捕捉对方的好，平时相处的时候也会像好朋友一样聊天，我有什么事会马上告诉他，他有什么事情也会马上告诉我，所以我要对天下的情侣说，沟通非常非常重要！永远要讲道理，要试着把对方放在重要的位置上，不要为了吵架而吵架，破坏掉自己的幸福。

@ 我的朋友特别多，我想主要的原因有两个：一个是交流过程非常舒服；另一个就是我个性开朗的缘故，毕竟多数人都喜欢跟爱说爱笑的人在一起。

@ 谈到婚姻，你的思想一定要准备好。想象不管是贫穷或是富有，你是否可以一生一世跟这个人？如果你的答案是 yes，那就去吧。如果你的答案不确定，或有犹豫，那就是还没准备好。结婚是一个责任，所以一定要百分之百确定你准备好了。维持婚姻的平衡，不要靠别人，要靠自己！

@ 每个人结婚都希望是一个永久的婚礼。美丽的婚礼，美好的婚姻，需要你多想另外的一半，怎么样才能让他更开心。同时也要有自己的事业，因为即使走进了婚姻，女孩子也不应该忘了做自己。

范晓萱

再爱，也不让自己卑微

她是一位集演唱、乐器演奏、词曲创作于一体的专业音乐人。12岁时便以小魔女的形象红遍全亚洲。1998年以《健康歌》参演了春节联欢晚会。但她不甘于只做儿童偶像，努力转型为成熟中性的摇滚朋克风格。2010年她获得第十届华语音乐传媒大奖最佳国语女歌手。她是范晓萱。

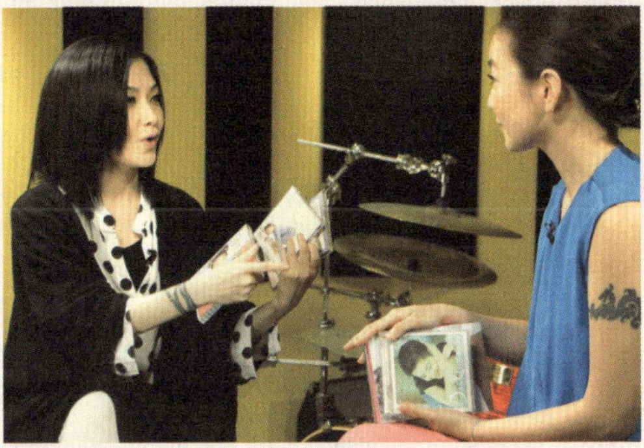

有一段时间我一直在寻找我自己，一度以为自己找到了。但其实越是寻找，就越是迷失，因为不认同自己，不肯定自己。其实当初我根本就不用找，因为我一直都是我自己，并不曾做过其他人。

——范晓萱

爱谁都可以，首先爱自己

所谓艺人，就是“异于常人”，这是我对“艺人”这两个字的理解。混娱乐圈这条路不好走，人家在睡觉的时候你要出去工作。如果出去商演，不管外面是刮风还是下雨，都必须登台。拍电影的时候，让你撑着你就一定要坚持到底，再困也要继续拍。这些都是体力和精神上需要负荷的。我记得有一次拍广告，光是打那个灯，就要两三个小时，换了一般人也许早就失去了耐性，离开了现场，可是我就一直等。我觉得既然选择了这个行业，就要遵守这个行业的游戏规则。我不想被别人说我是一个不敬业的人，所以我必须要拿出自己的耐心和耐力。

因为是公众人物，承受的压力总是比普通人多。我妈妈虽然会守在我的身边，帮我打理和公司之间的业务，但是毕竟就我们母女俩，人单力薄，很多事情发生的时候，难免会有一种孤立无援的感觉。那时候我的年纪还小，不太懂得照顾妈妈的感受，有了情绪上的波动，也不能跟其他人发泄，就把她当成了“出气筒”。她压力太大的时候，也会责怪我几句，而后我们都会后悔，觉得不应该因为外人的压力，去伤害自己爱的人。

妈妈是在17岁的时候生下我的，后来爸爸离开，妈妈一个人培养我长大。在我的心里，对爸爸其实没有什么特别的概念，觉得家里只有我和妈妈两个人，没有那么多麻烦，其实也挺好的。但是一个女人，想要凭借自己的力量把一个孩子抚养长大，是一件非常不容易的事情。妈妈为了我，确实吃了很多苦。在这一点上，我一直心怀愧疚，所以一心想要把所有的事情都做好，让妈妈少操心，也希望她能因为我的努力过得更幸福。

就像所有的青春少女一样，尽管自己的力量薄弱，可是也希望给自己爱的人温暖和快乐。我开始憧憬爱情，希望有一个人能够爱我一生一世，并且跟我白头偕老。我的心里开始勾画未来的世界，那里是充满安详和快乐的，没有一丝一毫的悲伤和不如意。可是，现实世界根本就不存在这样的“理想国”。

“我希望自己能够成为一个有能力爱的人。”不仅一次，我跟姐妹淘说，跟妈妈讲。姐妹淘会支持我，这么多年，她们一直都是我的动力。我的好朋友们，在我做得不好的时候，会给我中肯的意见，而当我从善意的角度出发时，她们更会鼓励我一路坚持到底。可是妈妈会说：“比起让我幸福，我更希望你快乐。只有你能照顾好你自己，爱你自己的时候，你爱的人才会感觉到幸福。”这是妈妈的人生哲理，爱谁都可以，首先要学会爱自己。只有能够爱自己，让自己幸福的人，才有能力让其他人感觉到快乐和幸福。

这么多年，我曾走过一些弯路。每当情绪波动的时候，心情沉闷，思想不受控制，最先伤害的总是我自己。后来我接到了老爷（徐克导演）的戏，在《龙门飞甲》里扮演素慧容的角色。那是一个如水般温润娇媚的江湖女子，与我平时的性格完全不同，一时之间我不知

道应该如何驾驭。老爷解释说，这样的女人就好像是“没有骨头”，于是我试着在每一个场景，一到某个角色旁边，就会靠着他说话，试着演出一个利用美色、冀求别人保护的女人。电影拍完以后，我的好姐妹周迅对我说：“晓萱，其实你驾驭得很好。你应该相信你自己的。”那一刻我突然明白了，并非我自己做得不好，并非被别人指责过，自己做的事情就是错的，只是我一直都没有勇气去相信自己。

曾经有一段时间，我一直在寻找我自己，一度以为快要找到的时候，心里又总觉得还差了点什么，于是我又开始不停地寻找。直到现在我才明白，越是寻找，就越是容易迷失，因为不认同自己，不爱自己。其实当初我根本就不用寻找的，因为我一直都是我自己，并不曾做过其他人。

好的爱情从自己出发

经常会有人问我，爱情在你的生命里扮演着一种什么样的角色？我总会回答说，爱情是我生命的一部分，在不同的时期，在我生命中所占的比重是不同的。在以前，我觉得爱情非常重要，跟音乐一样，是我支撑起生活的两大支柱。可是现在我很想要给自己的目标是一切都很均衡，爱情、友情、亲情和事业，会想要做一个调整。因为以前的经历是经验，让你学习，然后会把它拿到实际去执行。

以前的我，以为两个人在一起一定是要黏在一块儿的，想念的时候，就会有“我一定要见到你”的想法，要求对方会立刻出现。曾经的任性，让我经历了爱情的失败。没有考虑对方的感受，不懂得忍耐和退让，最初的甜蜜褪去，就只剩下了苦涩。一度，我怀疑自己不会爱，为了留住感情，开始考虑要不要委屈自己，做出更多的妥协。可是，靠着自己无条件的牺牲，即使留住了对方，爱着的心也会变得越来越疲惫。现在，随着经历的增多，我越来越明白，大家都有自己的空间会比较舒服，我们不但是男女朋友的关系，还是伙伴和玩伴，是可以聊天的知心朋友。

爱人其实是一门很高深的学问，不但要懂得你的爱人需要什么样的爱，还要懂得保护自己，不要弄丢了自己。和Allen在一起，我比较懂他，他需要一定的空间，我也不会拿大把的时间去黏他。他也很尊重我，知道我是一个不婚主义者，不想用一张纸套牢爱情，所以也不会跟我求婚。我们在一起，抛开了很多世俗的框框。他是一个非常理想的伴侣，在音乐上面我们有共同的嗜好，也让我们成为一种共鸣。在创作的路上，要做自己的音乐，其实内心里是很容易寂寞的。可是当你碰到品味跟你差不多的人，我们一起创作一些东西，你就不再孤单了，因为有人跟着你一起，好像这个世界都很有希望，会很长很远的感觉。然后彼此又都是彼此的Fans，那种感觉非常棒，就是他在弹一个东西，或者他做出一个东西，我突然就变成了他的Fans，我会很崇拜他……等到我唱歌的时候，或者创作出一样东西，他又会变成我的Fans，那种感觉会有很多正面的能量散发出来。

Allen跟我的相处其实还蛮妙的，因为对于我的姐妹淘来说，他算是一个神秘人物。我们聚在一起的时候，他总是会默默地出现，然后默默地守在一旁。但是由于他的打扮实在是太醒目了，又让人不得不注意到他。他跟我在一起的时候，也听到过很多批评的声音，出于对我的保护，他有时候会暂时收敛自己的个性，但是他永远都懂得什么才是自己想要的，不会轻易妥协。

在爱情里面是需要这样一种态度的，只有先守护好自己，才能有能力去爱别人。如果总是去迁就他人，把自己放在一个无形的状态，随着对方而变，这种关系其实是伪造的，虚假的。没有货真价实的共鸣，不能在爱情里舒服地做自己，爱情也就不是真的存在过。无奈和孤独有时候会改变我们的习惯：为了得到爱而委屈自己，迁就别人，以为这样得到的认同感就能让自己过得更快乐、更充实。其实那不过是我们自己编织的一个梦，总会有醒来的时候。而当你清醒的时候，明白了自己为了守护一份感情而丢失了真实的自己，爱情也就变成了一种负担。Allen很懂得收敛，也很懂得退让，但是他更懂得如何在爱情里舒服地做他自己。我在他真实的个性里也会变得很舒服。

在我低落的那一段时间，能够从低谷当中走出来，多亏了Allen，他在旁边给了我很多的快乐。比方说我的心情很不好，或者是懒洋洋，他就会用冬瓜之类的食物，雕刻成一朵莲花；或者用黏土，做成一个很精美的花，永远都不会凋谢。我觉得这几乎就是不可能的事情，但是他都为我做了，我就傻眼，然后想说，好像生活也没有那么糟糕，还是有希望的。他虽然看起来很摇滚的感觉，但其实特别喜欢返璞归真的东西。平时会带我到纯正的自然当中去，在海边散步，看星星，我们在一起可以很畅快地玩着音乐。即使全世界都不肯接纳我，欣赏我的作品，但是有他在，我知道我不是孤单的，还是会有人喜欢我，喜欢我的作品，我会多一分力量，也会对生活多一分希望。

所以，爱情从来都不是湮灭一个人的个性的，我们不应该因为要获取爱情而牺牲自己。永远都不要忘了自己是谁，才是爱的最佳出发点。因为真正的爱情是可以帮助你完善自我的，不是忽视自己的感受，而是通过另一个人来得到更多的珍视。

每个人都是孤独的灵魂

我曾犯过的最大的毛病，就是一方面强调自我，另一方面又想要寻找别人的认可。

当一个人坚定想法的时候，周围会有很多不同的声音。你会发现，其实阻碍你做自己的，并不是那些不相关的陌生人，阻力往往都来自于你身边最亲近的人，或者跟你有直接关系的人。

做完《我要我们在一起》这张专辑以后，我离开了我的老东家福茂唱片，出来成立了自己的音乐公司，搞自己的音乐。其实我的老东家对我一直不错，也给了我很大的发展空间。曾经一度，我认为只要我自己去努力说服，一定能让他们接受我的理念，做我想做的音乐，但是沟通了很多次之后我发现，他们虽然说可以给我空间，让我去创作，可是又会一直修剪我的篇幅。最后我自己都不清楚，我们到底在妥协什么？你希望我能做出一些让步，我也希望你能不为难我，让我尽情地展现我的东西，但彼此之间始终存在着一种拉扯。到最后出来的专辑，既不是你想要的，也不是我想要的，那到底是谁想要的？我觉得我不要去做一些绑手绑脚的事情，也不希望他们很痛苦，所以我就自己出去做。

刚开始出来的时候，会经历很多辛苦的过程。那时候我每次做好一个作品都会很开心地唱给姐妹听，但是她们经常会非常地心疼我。因为我跟她们说，我带着新的音乐去很多大的唱片公司谈，每一家唱片公司都会跟我讲，晓萱你的作品真的是好，而且现在在音乐市场上是完全没有的，是很新又好听的，可是你可不可以再加一点什么东西？或者说，你走得太前面了，这个可以放后面一点出，你先做一张大家都比较喜欢听的；或者说，这张专辑你切一半放，先放5首歌，再放一些比较商业的，另外5首放下一张专辑里。我感觉自己很努力地争取到一定的程度，周围的人还是要我打回原点一样，所以内心的压力特别大。

那段时间我一直在争取理解，包括唱片公司，还有商演的时候，几乎所有人都希望听到我以前的歌，不管我出了多少张新唱片，大家都希望用原来的样子来定位我。我才明白，原来我想让别人了解，是一件多么困难的事情。全世界似乎都在努力劝说一个任性的小孩，让我不要那么叛逆，可是我只是在坚持我的梦想而已，只是想要做自己喜欢的音乐。

在我的成长道路上，我的妈妈起到一个非比寻常的作用。我爱她，她也爱我，但奇怪的是，我们也不能做到完全地理解。我记得第一次去加拿大的时候，发现很多女孩子脸上都打着闪闪发亮的梦露痣，特别漂亮。很快地，我也在自己的脸上如法炮制。当我把打孔当成一种愉悦自我的方式时，却经常会因为文身和穿孔接不到商业广告。妈妈看不懂我的文身，开始劝说我放弃。我争取了很多次，妈妈也有她的坚持。后来我们达成协议，我觉得我做人不能那么自私，完

屋頂
音樂節

全活在自我里，也要顾及爱我的人的感受。所以我和妈妈达成协议，右半边的身体我可以按照自己的想法文身或者打孔，左半边的身体要保持干干净净的，留给妈妈。但其实你会发现，即使是你身边熟悉的人，也不可能绝对理解你。

我们每个人其实都是一个孤独的灵魂。你可能会觉得自己有一点特别，又不是太特别，可是别人却看不到；你可能会觉得自己与身边的人格格不入，心里所想的世界与现实的世界不太一样；你看到的东西别人看不到；你喜欢的东西得不到别人的认可……然后你会有一点困惑，甚至有一点寂寞，你会开始自我怀疑，对相信的事情也开始动摇。你试着要改变，变成和别人一样，只因害怕孤单。可是，当我试着改变我自己，对这个世界选择虚假地融合的时候，我才发现，那真的不是一件很好玩的事情，你的内心会变得很苦很苦。

其实天底下绝对不可能有完全相同的人，任何人都不可能完全地理解别人和被别人理解。当你有这个念头想要被别人理解时，你就已经开始了痛苦之旅。

其实我们每个人都是孤单的，独特的。也正因为如此，我们每个人又都不孤单，因为在不同的角落，有很多类似的人在陪着你一起孤单。

叛不叛逆不重要，重要的是我还是一个好人

出道这些年，我好像始终在经历一个寻找自己的过程。

刚出道时，我给人家的感觉是一个非常甜美，非常可爱的邻家女孩，每天都很开心地唱着儿歌。可那时我并没有想过要当歌手，比较想做的是幕后，写歌、当制作人或者去音乐学校当钢琴老师。当了歌手以后，反而不知道自己应该做什么，怎么做。

出第一张唱片的时候，我觉得还OK，因为当时才14岁的样子，也没有想太多，公司叫我去录一些给小朋友的歌，做一些卡通片的主题曲，我就做了。之后随妈妈去了美国，可是没多久，公司就叫我回来做宣传，说唱片非常好卖，我吓一跳，有一种很措手不及的感觉。因为是唱儿歌，唱给小朋友听的，我很怕被定型，被框住。没想到公司居然叫我出“小魔女”第二辑。那时候刚好是我要变大人的时候，差不多19岁快要20岁，所以我开始觉得别扭，穿着很可爱的衣服，要扮成很可爱的模样。可是我又不想不敬业，想要把那张专辑做好，所以就一直很勉强自己。到了最后，自己也开始很矛盾，很挣扎。

我觉得我跟其他人非常不同的一点是，当我还很小的时候，我就

已经知道自己要往哪个方向走。对于一个19岁的我来说，音乐是我全部的梦想，它是我全部的世界跟灵魂，所以我希望把我自己融入到音乐里面，完完全全地做我自己的东西。而像“小魔女”这种概念的音乐，我不是说我不喜欢，只是不希望把自己定格在一个唱儿歌的歌手形象，把自己的音乐做成一种很商业化的模式。所以在第二张专辑的时候，我跟公司讲清楚，哪些才是我想要做的音乐，哪些是我未来想要呈现给大家的样子。当时公司给我的空间还是蛮大的，他们允许我创作，也答应一张专辑里面会有几首歌是可以我自己选的。所以我会偷偷地放一些我未来的轨迹，比如说我会在《好想谈恋爱》这张专辑里面放入《雪人》还有《BARTENDER ANGEL》这些歌，我其实在用专辑跟歌迷对话，偷偷在传一些讯息。我相信有一些人一定会了解我，所以我想告诉大家，其实我是喜欢哪一类音乐的，我未来可能会做那种音乐，希望你们现在开始可以适应。

《健康歌》的时候，我觉得我有一点人格分裂。一方面我在成长，已经快要到20岁了，已经开始触碰到大人的世界，内心其实非常渴望成长，但是公司可能会让你降到年纪很小的模样，去跟可爱的孩子们对话，我就有点失衡。后来做《Darling》那张专辑的时候，我骨子里叛逆的细胞不断地催生，想要去尝试不同的自己。这时候，公司或者身边的人就开始给我上课，告诉我你应该怎么做才是最好的。他们会说，你现在的专辑卖得很好，做这样的音乐很安全，要先有面包再有理想之类的。这些我都明白。如果说先要有面包才有理想，那我已经觉得自己的面包够多了，因为前面已经有好多张卖得很好的专辑的成绩在，我觉得该是自己实现理想的时候了。我的创意已经要漫出来，我不能再隐藏它了，所以我一定要坚持做我自己。

当我剪了寸头出现在大家面前的时候，很多人都开始意识到了我的转变。后来发行了《我要我们在一起》，那一张专辑夺得了金曲奖最佳国语专辑，可是从这一张专辑之后，我却很决绝地告别主流唱片公司，开始做独立的音乐《绝世名伶》和《福禄寿》。每一张专辑的风格都是不同的，好像这一个形象刚刚被大家接受，我又迫不及待地转向了其他。所以越来越多的人开始批评我，我其实是找不到音乐的方向的，因为在一个方面刚刚有一些起色，接下来就一定是自我颠覆。这样的叛逆只会把自己折腾得越来越惨。

除了在音乐方面的特立独行，我的形象也越来越脱离偶像派，开始迫不及待地向大家展示真实的自己。我开始疯狂地迷上了刺青和穿环，身体上越来越密的刺青，以及耳朵、双唇周围越来越多的洞，都让外界很多人难以接受。可是我并不觉得自己叛逆，反而觉得自己是一个很乖的小孩。小时候不管是外婆带我，还是妈妈带我，她们叫我干什么我就会干什么。她们要出门的时候对我说，你坐在这边好好看电视，我就会被设定，一直都坐在那张椅子上，眼睛死死地盯着电视。所以当别人说我很叛逆的时候，我觉得那不过是他们的标准，我不予置评。因为我叛逆与不叛逆，真的不重要。重要的是我做了这些事情以后，还是不是一个好人，我有没有在工作上面尽责，是不是一个有礼貌的、善良的女生，我的音乐能否传递出一种力量，让人们接收到一种正面的能量，这才是最重要的。

我要把自己变成别人的光

2001年到2003年的时候，我比较忧郁，曾经写过一本书，讲自己比较低潮的时候。那段时间我已经开始做自己的音乐，照理说应该是觉得很自由，因为终于没人跟我说该怎么做，但是为什么反而在那个时期会变得比较低潮呢？我觉得是一种积累。因为之前我一直都有一种被拉扯的感觉。

那段时间虽然在行为上我做了我想要去的方向的决定，可是我的内心是很寂寞的。因为旁边会有很多逆向的声音，你会觉得坚持自己的理想是一件很累的事情。然后你不知道该不该去想，要不要让别人了解你，因为好像需要很大的代价，你也会自我怀疑，我要人家了解我干吗？就算做这件事情的代价不是很大，可是一直被人家说你需要付出很多，就会感觉你这样做真的会损失很多，真的会被吓到。

我的内心开始找不到方向，也逐渐在失去力量。很多人都说我是为了转型，才去自己做音乐，但其实《小魔女》才是我的转型，因为我本来就不是唱儿歌的，我不应该是那样的形象。自己做音乐之后，会有一些商演，但是大家还是想要听到你以前的歌，不管再有多少新

GRAZIA

的创作，不管你怎样去争取，都很难唱到新的作品。

整整三年，我的情绪一直都调整不过来，不知道应该怎么跟这个世界相处，也不知道大家的价值观是怎样的，好像我想的事情完全都不对，就要一直在批判的声音里，找不到任何肯定自己的理由。我的每一步坚持，换来的都是非议，我的每一份努力，在别人眼里都是叛逆。突然间我觉得自己很累，好像很多事情都太过于虚假，让我无法面对，我也不想大家有任何的接触。有时候在深夜里，我不停地怀疑自己存在的价值，甚至想从十几层的高楼上跳下去一了百了。可是三年以后，那个深层的范晓萱又回来了。在这个过程中，歌迷给了我很多的动力。

在我的官网上经常会有歌迷的留言，从我出道开始，他们一直会写信给我，很多话他们不见得会跟父母说，或者是跟他的男朋友女朋友说，但是他们会跟我说。我觉得是因为他们的信任，让我重新看到了自己的价值。我就像是他们抒发情绪的一个管道，而我也愿意做他们的知心朋友。交流得多了，我发现很多人情绪上都有问题，都需要从别人那里获取力量来支撑自己，而我是一个可以给歌迷带来更多力量、更多希望的人，我很想成为他们的光。可是如果我想要去影响他们，使他们得到正面的力量，首先我自己要好起来，我要让他们知道一切都有希望，一切都会好起来的。

正是因为这种力量，才使我逐渐地走出阴霾。而且因为我自己经历过，所以我先好起来以后，能够带来的影响才更能够打到他们的内心。其实这种影响是相互的。当我处于低谷的时候，我从他们身上吸取力量，他们让我逐渐恢复积极的样子，让我重新看到了生活的希望，而我好起来以后，又通过音乐，通过心与心的交流，将这份力量又回馈给他们。

所以我觉得，一个偶像，不在于他的能力有多大，而在于他释放出来一种希望——让那些不幸的人相信，这个世界上还有希望和梦想。偶像不需要全能，不用有能力去解决所有人的问题，更不必想尽一切办法去满足每一个人的要求。只要我们心怀一种善意，随时都想要通过自己去释放一种温暖，让感受到他力量的人能够随他一起去释放温暖，就已经足够。

@不要对我说前卫、任性、跑得快或自我……我只是在长大的路上，有了自己所喜欢，所不喜欢，所追求，所放弃的东西。而这些东西结合起来，变成了全世界只有一个的“范晓萱”。

@我小众，但不代表我不存在。

@我相信轮回，但更明白只有这辈子。既然来到这个地球，就玩得痛快点。无悔地做自己，尽情感受生命带给我们的喜怒哀乐，缺一不可，这才完整。

@ 想减少自己生气或不满的办法就是——放下。为什么别人一定要照你的思路走呢？或照你觉得对的去做呢？管好你自己吧！ 毕竟每个人都是个体——“后果自负”， 别在乎太多！

@这个世界就是缺少太多祝福，所以不快乐。所以不要客气，你们的祝福和赞美，给身边的每一个人，讨厌的也要喔。虽然这很难，但是老天会知道的。善良的人会有丰收的果实，包容的人会得到幸福的权利。

胡可

好女人要学会角色的转换

她是主持人，又是女演员。她早期主持《欢乐总动员》《小神龙俱乐部》等节目时多变而灵活。涉足影视圈之后，她凭借电影《聊聊》荣获第九届北京大学生电影节最佳女主角，随后主演《十八罗汉》《京华烟云》《风月·恶之花》《鹿鼎记》《纸醉金迷》《风声传奇》等。2011年2月20日她在北京与《武林外传》的“白展堂”沙溢喜结连理。她是胡可。

“亲爱的”这三个字对于常人来说并不陌生，可是大概很少人想过为什么“亲”在“爱”之前。只有当爱情变成了亲情，爱情才能真正地稳固。一味地寻找单纯的爱情，最后只会失去爱情。

——胡可

爱他，如他所是

谈恋爱的时候，因为两个人还有一些距离，所以对方有一些生活习惯你并不觉得是缺点，因为距离产生美。但是结婚以后，两个人整天待在一块儿，就很容易为了一些小事而争执。我和沙溢就是，因为两个人的生活习惯完全不同。比如说他喜欢在睡觉前吃东西，已经刷完牙洗完脸了，躺在床上却又突然对我说："我想喝个酸奶。"可是每一次喝完，他从来不会主动再去刷一次牙，一定要我督促说："去，刷牙。"不然他可能就直接睡觉了。

我觉得男生可能都挺懒的，除了极个别的男生特别爱干净，好像都是感觉能躲得过去就躲过去了那种，所以需要女生去督促。我有的时候也会跟沙溢唠叨，尤其是在刚结婚的时候，有一些生活习惯上的不同，他哪里做得不好，与我的要求不一致，我一定说出来。

可是后来我发现，习惯是一件很可怕的事情，在一起久了，很多的不适应会慢慢变成适应。比如说他洗脸的时候总是很用力，水溅得满池子满地都是。最开始的时候我会把它擦干净，而且一定会跟他唠叨说："你这是洗脸呢还是过泼水节呢，每次都弄得到处都是水。"

一遍两遍三四遍地说了很多次，可是他根本就没有反应。然后每一次他弄完了我就把它擦干净，弄完了我就擦干净，后来慢慢地，我发现我已经习惯了，他还是会弄一地的水，我还是会把它擦干净，但是我已经不纠结这件事情了，不会再跟他唠叨了。

以前我听说过很多夫妻相处的例子，发现很多夫妻都会为了生活当中的小事情发生口角。甚至曾经有一个最出名的例子就是有一对夫妻，妻子特别爱干净，对细节的东西特别在意，丈夫因为没有按照妻子的要求摆放牙刷，就引发了一场家庭大战，最后以离婚而收场。我觉得婚姻里更多的是琐碎，能够处理好，琐碎就是一种幸福，处理不好，琐碎就变成了一种折磨。两个人在一起，有的时候可能你就多做一点，少去想自己纠结的事情，很多矛盾也就解决了，你也就重新找到了一个相处的模式。

就像我们两个人，他还是继续泼他的水，玩泼水节，我就继续擦。如果我不想让地上有水，默默地把它擦干净就好了。其实我觉得两个人相处不要太多地去要求对方，因为生活习惯是他三十多年养成的，几十年都是这样，要让他瞬间改变，我觉得是不太可能的。如果说他因为爱你，稍微做了一些调整，也坚持不了太长的时间。而且，这种东西不是原则性的事情，不是说你让一步就失掉了做人的准则，没有那么严重。所以我觉得还是要尽量去尊重对方的生活习惯，如果说实在接受不了，可以尝试着做一些调整和补救来维持你所习惯的生活，需要做一个互动，而不是一定要强烈地规定说，你必须得这样，你必须得那样，他也会很难受的。

在家里，还是舒服的感觉最重要。家里一定要很舒适，如果到了家还跟军营似的，被子要叠成豆腐块，所有的东西都要按照要求严格

地摆放，一点放松的感觉都没有，那就失掉家的味道了。爱一个人要爱他的灵魂，而不是要把他变成自己想要的样子。因为你决定跟他在一起，一定是你爱他这个人，而不是说你想把他变成理想当中的那种白马王子。

爱，就是一种学习。我相信当你愿意包容、接受他的时候，他也会同样的接受你的一切，就是你不在那边跟他较真儿，不在那边跟他说你要这样要那样，他也会给你很多的自由，让你成为你自己。

男人的心田需要女人的温柔来灌溉

有人说，幸福的爱情总要经历波折才会有好的结果。我和沙溢的爱情也不例外。

刚开始在一起的时候，比我小三岁的沙溢拥有着更多的不确定性，年龄上的差距使我一度担忧，自己能否在今后也能得到同样的关爱，这种幸福是否能长久下去。而在我犹豫不决的时候，他竟然跟我提出了分手，这个举动给了我很大的打击，我一下子就呆住了。等我回过神来的时候，我拒绝了他想要冷静一下的建议，坚持把所有的问题当天就说清楚，于是我们俩有了一次促膝长谈，把所有的顾虑都说了出来。

也是在那一次，我意识到了自己的不善于表达其实给沙溢带来了很大的压力。他觉得自己一直在我后面追，却怎么都追不上。虽然爱情不应该要求同样的回馈，但是如果自己在爱情里一直得不到呼应，那种单方面的追赶也会让一个人感觉到筋疲力尽。其实仔细想起来，我对他的情感也有很多的内疚在里面。他其实一直在投诉我说，他觉得我是一个特别不善于表达的人，基本上都不会说我爱你、我想你之类的，每一次都感觉像是在强迫我。我记得之前有一个杂志，让我们在情人节的时候每个人都给对方写一封信，我在那封信里面检讨了我自己，因为我觉得我们两个人都是在一个不太公平的状态下相处。

比如说有时候他打电话给我，会对我说“我爱你”，然后我就“嗯”算是答应。然后他就说：“我爱你耶。”“我知道啦。”“那你呢，你爱我吗？”我又“嗯”一声，这样的对白才算结束。我就是永远都是在他问过之后才会“嗯”一声算是回答，但其实我心里也是包含了很多感情的，但是就是吝于表达。

以前我一直不觉得这是一个问题，直到那一次放到台面上来讲，我才意识到心中的爱意必须要表达出来。于是我开始尝试着做一些改变，试着把自己的心情用语言传达给对方。可能我还是不太习惯于说“我爱你”之类的，但是我会在打电话的时候更多地表现对他的关心，比如说今天吃没吃饱、穿没穿暖之类的，偶尔也会说我挺想你的。我觉得我有时候做事挺大女人的，但是两个人在一起，女生一定要学会更多地表现自己的柔软。所以现在我也会调整我自己，甘愿去做沙溢身边的小女人。

沙溢是一个很不浪漫的人，不会送花，不会安排烛光晚餐，甚至我生日的时候因为不知道应该给我准备一份什么生日礼物，而直接把我带到了超市去让我自己挑。我们的初次相遇，是在我主持的节目里。那次他来参加我的《胡可星感觉》，对我来说，沙溢留给我最深的印象既不是风趣的谈吐，也不是优美的嗓音，而是现场VCR里有一张他十七岁时候的照片，显得特别纯洁无邪。节目开始之前，因为我穿着一件红色的裙子，甚至还一边整理衣服一边调侃说自己像是一个新娘子。也许是冥冥注定，这句无心的话在几年之后变成了现实。

我已经记不清沙溢是哪一天求的婚了，也记不清他在求婚的时候说了什么，因为不浪漫的沙溢经常在打电话的时候顺便就提到了结婚的事情，或者正在吃饭的时候偶然开玩笑说：“我们结婚吧。”一点都不郑重。但是结婚就是一个水到渠成的过程，我决定跟他结婚其实并没有下多大的决心，就是一个很自然的过程。因为在慢慢的相处中，我越来越想依赖这个男人，什么事情都想去征求他的意见。可能在家里的时候，我在餐厅吃东西，他在客厅看书，然后会把他叫到餐厅来，让他坐在那儿。其实我们两个人也不说话，但我就希望跟他的距离是很近的，就是那种依赖。

结婚以后，女生的柔软特质可能会表现得越来越明显。我觉得有一件事情特别有意思，他经常说我老欺负他，然后我就说因为你是我最亲的人我才欺负你，要不然我去欺负别人了，他就赶紧说，那好吧，你还是欺负我吧。我也会跟他撒娇，但仅限于要求他办事的时候。每次一到我跟他说话语气让他觉得不对的时候，他就会说：“你说吧，到底有什么事儿？你肯定是有预谋的。”撒娇是女人的武器，但其实每一个女人都有自己的撒娇方式。我撒娇的时候会比较善用夸他的手法，比如我会突然说，你今天皮肤真好，或者是你瘦了，尽讲一些他爱听的。虽然他知道我是有预谋的，但还是挺高兴的，因为我很少夸他。

不要所有事都依附男人

2011年对我来说还蛮恐怖的，本来是一个很独立的人，想干什么就干什么，尤其我是射手座的，属于天马行空的那种，自由惯了，突然间就结婚，我觉得受了一层束缚，然后又有了宝宝，我就觉得，完了，有了更多的责任。结婚的时候我还没有那么大的感触，因为还是两个人，没有那么强烈的责任感。等到宝宝出生以后，坐月子的时候，有一天我抱着他，突然间有了一种特别强烈的使命感跟责任感，我想，从此之后这个小小的生命就要我负责了，我要想尽办法把他养大，培养成人，这将是一件多么不容易的事情啊。

刚开始带孩子的时候，什么都不懂，相当有挫败感，后来逐渐地了解他什么时候要吃东西、上厕所或者睡觉，心里就没有那么紧张了。其实从怀孕到生产，我的心情一直是大起大落的。从怀孕开始，我就像其他第一次怀孕的妈妈一样，一直处在各种担心、恐惧和害怕之中。孕妇总会有一些身体上的反应和情绪上的波动，那段时间沙溢一直在外面拍戏，非常辛苦，我又不想让他担心，就一直尽量控制自己的情绪。

虽然有很多已经当妈妈的朋友一直跟我讲生孩子是一件很痛苦的事情，但是我没有觉得有多么艰难。预产期到了的时候，我就很自然地被推进产房。准备的阶段是很放松的，打麻药的时候感觉有些痛苦，因为需要打在脊椎这边。针头很粗，你得跟医生较劲，要一直往后顶让他往前打，但是人的自然反应是会往后缩的，因为害怕，所以打麻药弄了好一会儿。幸亏那个麻醉师是很有经验的，虽然进针的时候有点斜，但还是打进去了。之后他就跟我一直聊天，我有一搭没一搭地跟他说话，腹部以下渐渐失去了直觉，但人还是清醒的。

以前我一直有一个错觉，剖宫产就是割开肚子直接把孩子取出来，但其实口子很小，是用挤的。我感觉到医生一直在不断地压我的肚子，有一股很强的压力感开始从胃部往下窜，那一瞬间我终于知道为什么手术之前不让吃东西了，如果吃了的话，一定会全部吐出来。好像就在一瞬间，感觉头有点疼，压力感越来越往下，“噗”的一声，压力感就消失了，紧接着就听到“唉唔唉唔”的声音。医生很大声地向我传递着喜讯：“是个男孩。”我有一阵恍惚，就问医生说，那是孩子在哭吗？医生说，是啊。我以前从来都不知道孩子的第一声啼哭是这样的声音，就好像有一种魔力，紧紧地抓着我，让我感动，但同时又有些担心和好奇。我真的不敢相信，这个小小的生命是我怀胎十个月，从我的肚子里面取出来的。

生完孩子以后，沙溢一直在跟我说谢谢。为了能在我生孩子的那一刻陪在我身边，他特意跟剧组请了假，提前一天赶到了医院，可是我没有让他陪我进产室，而是让他守在了门口。也许有些女生会没有办法独自面对这种场面，一定要老公陪在身边，但是我不会。因为一方面我不是顺产，剖宫产的画面会比较难看；而另一方面我始

终觉得，生孩子是一个人的事情。如果有他在身边，我的心里有依赖感，反而会变得脆弱。自己一个人进去，就只能靠自己，我需要这种勇敢的力量。其实很多时候不是女人脆弱，而是女人习惯于依靠。如果不是所有的事情都依附于男人，习惯了独立，那么女人也会变得格外坚强。

练习 爱是一种发声

当了妈妈之后，我的改变很大。首先在工作上做出一些调整，量可能会逐渐地减少，因为以前一年有365天，我有300天都在拍戏，行程很赶，有时候甚至过年都没有办法停下来。现在我会把更多的精力放在家里，减少接戏的量，而且要尽量选择一些可以待在北京的工作，这样就会多一点时间照顾孩子。我不想错过他成长的过程，因为错过了之后没有办法再补回来。

我从小就没有跟我父母住在一起，我们家在天津，为了让我能接受更好的教育，在更好的环境里长大，我爸妈在我出生不久就把我送到了北京。所以小时候我跟我爸妈的关系一直比较生疏，3岁的时候见到我妈还会管她叫阿姨。从我自身来讲，我不太希望父母的这种遗憾在我和我的孩子身上再延续下去，所以我尽量地调整我自己，希望能够创造更多的机会留在孩子的身边。

生完孩子以后，跟父母的关系也出现了一些变化。我妈说我自从怀孕以后脾气变得好很多，以前可能会比较任性，觉得很多事情就是父母应该为我做的，把父母对自己的好当成是一种理所当然。生完孩

子以后，因为亲身经历了十月怀胎，知道了其中的艰辛和不易，所以就更能切实地体会妈妈的难处，因而也就不会再像从前那样对她乱发脾气，也会讲一些贴心的话了。我其实是一个特别不善于表达的人，尤其是对父母。有了心事，我会跟身边的好朋友讲，但是对着父母倾诉，我会觉得像是演电视剧一样，总有一个镜头在对着你，感觉特别奇怪，但是我现在在调整自己，因为感动于阿雅的一个故事。

阿雅说："有我的时候，我父亲年纪已经很大了，他特别疼爱我，我跟父亲的感情一直特别好。但是我会有一个担心，因为我朋友的爸爸妈妈看起来都很年轻，可是我父亲在我年纪很小的时候看起来就很像我的爷爷，我很怕他会较早地离开我。因为我们家就跟大部分东方人的家庭一样，不太擅长表达自己的情感，尤其是对家人，跟越亲近的人越难把爱说出来。可是我一直暗下决心，不要因为害羞就把想说的话一直埋在心底。

"有一天我终于鼓足勇气，在反复地练习之后终于大声地对爸爸说出了那一句：'我爱你！'因为之前从来没有过，当时我妈跟我爸还有我姐都在客厅里看电视，我从房间冲到客厅讲出这一句话的时候，感觉自己的嘴都软了，我爸一听也觉得浑身不对劲，我妈和我姐就在旁边做呕吐状。但是从那一次开始，不管我去哪里工作，不论多晚回家，我都会跟我爸爸说我爱你。他一开始很不习惯，但是后来竟然也会用他那满口山东腔回我说：'我爱你。'"

在阿雅看来，我们以为不行的事情，当你练习了之后，就会发觉自己能够把爱表达出来，是一件特别舒服和开心的事情。我没有她做得那么好，没有去表达"我爱你"这么强烈的词汇，但是我已经开始跟他们说"谢谢"、"你辛苦了"。以前我根本就不会说，觉得那是我爸、我妈应该帮我做这些事情。因为身边的人都是在父母的呵护下长大，所以会有一些理所当然，当然，这其中也包含了小时候的任性。但是现在，父母要帮我做什么事情，我会觉得挺心疼他们的，会对他们说，会不会觉得太累？我让你辛苦了之类的，能够真正从心体会到父母的不容易。有一句话说，养儿方知父母恩，我也觉得是自己当了妈妈之后，才真正读懂了父亲和母亲。

@ 我曾经觉得最非凡的是妈妈，现在觉得最非凡的是自己当了妈妈。

@ 婚姻其实是一个盒子，你不要老指望从里边索取什么，你要不断地往里面去填充，慢慢你的盒子里面东西就会越来越多，就会拥有一个充满了宝物的这么一个藏宝盒，而不是永远在索取。

@ 两个人在一起时间久后，一定会丧失爱情的新鲜感，觉得婚姻里有很多家长里短、鸡毛蒜皮的琐碎事情，但其实你跟任何人在一起，最后都会变成这样，每段婚姻都会从激情变成平淡，你要去接受、习惯和享受这种平淡。

@ 内心的强大才会呈现最柔美的外在。

@ 女人在年轻的时候都应该留一些美丽的照片，记录下最经典的瞬间，等到年岁大了，给自己的孩子看当年妩媚多姿的自己也是一种小纪念。